Soltera SERIAL

Andrea Marra

Del Nuevo Extremo

Marra, Andrea
    Soltera serial / Andrea Marra; coordinado por Mónica Piacentini;
    dirigido por Tomás Lambré.- 1ª ed.- Ciudad Autónoma de
    Buenos Aires: Del Nuevo Extremo, 2013.
      128 p.; 21x14 cm.

    ISBN 978-987-609-442-9

    1. Narrativa Argentina. 2. Novela. I. Piacentini, Mónica, coord.
    II. Lambré, Tomás, dir. III. Título
      CDD A863

© Andrea Marra, 2013
© 2013, Editorial Del Nuevo Extremo S.A.
A. J. Carranza 1852 (C1414 COV) Buenos Aires Argentina
Tel / Fax (54 11) 4773-3228
e-mail: editorial@delnuevoextremo.com
www.delnuevoextremo.com

Diseño interior: Marcela Rossi
Diseño de tapa: Magdalena Okecki

Primera edición: octubre de 2013

ISBN: 978-987-609-442-9

Para todos los hombres que hicieron esto posible…

En este mundo
semejante al rocío
sobre las campanillas,
todo lo que se necesita es
el amor.

Los cantos en el pequeño paraíso
(Kanginshu, ¿1143?)

All you need is love, love,
love is all you need...

All you need is love
(Lennon & McCartney ,1967)

1

La mujer invisible

Amigos, ordenando mi ropero encontré el vestido. Negro, ajustado, divino, lo había usado muy pocas veces. La última, la boda de la hermana del hombre bello. Ella me había invitado a la ceremonia de la iglesia, él a la fiesta. Yo no quería ir a ninguno de los dos eventos. Temía encontrarme con "la otra". Aunque yo era la otra, y lo que temía era encontrarme con la novia de él. Los amores ocultos no duelen mientras son ocultos, mientras suceden puertas adentro. Compartir espacios con la otra mujer es... Mejor no encontrar la palabra.

La cosa es que él me había pedido que fuera, asegurándome que ella no estaría, lo había expresado sin culpa, casi con ingenuidad, como si eso lo corrigiera todo. Pero yo solo accedí a ir a la iglesia. Una vez allí, él me insistió hasta el cansancio que no fuera tonta, que fuera a la fiesta, que iba a estar buena, que me estaba invitando él. Y sí, amigos, una no es de fierro. Empecé a flaquear, después de todo, me había cortado el pelo para la ocasión, el vestido me quedaba pintado, tenía zapatos nuevos, un chal divino... Además, había una conocida de la milonga, Inés, así que no iba a estar sola. Todas excusas, claro, como me lo advertía esa vocecita en el fondo de mi cabeza, a la cual decidí ignorar.

La fiesta era en el salón de un gran hotel del micro-centro, a todo lujo. Bailé poco y comí menos, siempre junto a Inés, que aunque no éramos amigas, habíamos compartido alguna mesa en el Salón Canning y lo te-níamos a él como ligazón. Él se me acercaba y alejaba con cautela, no se comportaba como mi amigo, lo cual era una estrategia estúpida, dado que si vas a fingir, entonces mejor hacelo bien. Habíamos sido amigos por años, antes de cometer el error de pasar a ser otra cosa. Estaba muy lindo con su traje, por alguna razón se lo veía aliviado, tal vez porque no era él el que se ca-saba. La sola idea del compromiso lo ponía a girar en falso y sin freno, dudaba de tener un gato, mucho más una esposa, una familia. El departamento que se había comprado, de tres pisos, era un oxímoron en su vida.

Al cabo de una hora, yo ya había felicitado formal-mente a la hermana del hombre bello por su casamien-to, Inés no paraba de hablar y reírse y ya me estaba ago-tando, cuando de golpe él la toma de la mano y la planta delante de sus padres para presentarla como su amiga de la milonga. Sentí que me clavaba algo en la espalda. Me dejó parada sola, observando la escena a un metro de distancia. Empecé a mirar para todos lados como en cámara lenta, por alguna razón sentía frío. La otra hermana de él se me acercó y me dijo: "Él no nos va a presentar, yo soy su otra hermana, vos debés ser Paula, ¿no?". Sí, le respondí casi sin voz. ¿Sabría ella de mí? No entendía para qué él me había rogado que fuera a esa maldita fiesta. El acto de dejarme clavada sola en el medio del salón era más evidente que haberme presentado junto con Inés a sus padres. Así, yo quedaba como algo que no encajaba... Ya tenía ganas de irme, pero pusieron un tango. Creí que él me iba a sacar, después de todo yo era bailarina y les había dado unas clases a su hermana y el prometido. Pero sacó a bailar a Inés. Se hizo un círculo y dieron como un show que terminó en aplausos... Me le fui al humo y lo encaré: ¿Qué estás haciendo? Él no pudo responder, miró para todos lados, desesperado, no fuera que mi actitud despertara sospechas. ¡Su actitud despertaba sospechas!

Él me había tratado todo el tiempo como la mujer invisible, la mujer incómoda... Pero deseada. Venía a mi casa los martes y algunos domingos, se volvía loco conmigo... pero le cocinaba faisán a la otra. Yo era la mujer invisible en su vida, pero también en la mía. ¿Qué hacía yo ahí? ¿En ese lugar, en esa historia?

Hui del salón y salí a la calle, recién empezaba a atardecer. Comencé a correr con los tacos de 10 centímetros, con la falda súper ajustada, corría como espástica y no me importaba nada, solo quería que nadie me viera las lágrimas. Corrí hasta la parada del 152, porque no tenía dinero para el taxi, y lloré hasta que llegué a mi casa. Seguí llorando tres días seguidos, al cabo de los cuales lo llamé. No lo quería más en mi vida. Que no me molestara, que no me llamara ni nada, le pedí. Él prometió hacerlo, respetar mi decisión, después de todo me tenía aprecio, según él éramos amigos. Pero no lo hizo. No podía deshacerse de su "amiga", aunque sí de la mujer invisible, por una razón simple y cobarde: si Paula dejaba de estar en su entorno, entonces debía ser por algo, y ese algo era lo que él se esforzaba en negar: que habíamos tenido una historia. Siguió invitándome a asados grupales y cosas por el estilo, hasta que le mandé un mail amenazándolo con enviarle mails a sus amigos contando la verdad. Podía imaginarlo blanco de terror mirando la pantalla de la computadora al leerme. Se ofendió, no entendía cómo yo podía ser tan poco "civil" y "racional". Usó esas palabras. Le dije que el poco racional era él, que por cubrir su "error" no podía respetarme a mí y dejarme ir. También le dije que jamás habría hecho nada para perjudicarlo. Después de eso, no me escribió más. Entendió, supongo.

Me puse el vestido. Todavía me quedaba. Me acordé de mí misma corriendo por Florida, diciéndome por qué te metiste en esto, con el rímel corrido, el chal fucsia alrededor de mi cuello a lo Isadora Duncan, las rodillas entrechocándose porque el vestido era de sirena...

Por suerte, él ya está en el pasado.

¿Y yo, dónde estoy? ¿Sigo siendo la mujer invisible? ¿Habré aprendido algo?

2

Puchito, el payaso

La escena fue la siguiente:

La tía Paula llega al cumpleaños de su sobrino Eric cargada de regalos interrumpiendo la rutina de Puchito, un payaso de unos cincuenta y cinco años, la voz rota a fuerza de cigarrillos y otras sustancias. Puchito no tiene mejor idea que tomar de punto a la tía, la hace pasar al frente y, delante de los sobrinos, amiguitos y familiares comienza su inocente interrogatorio: "¿Alguno de estos (por los niños) es tuyo?". ¡No! "Jajaja", ríe ante la ocurrencia. "¿Tenés hijos?". No. Sonríe. "¿Estás casada?". No... "¿Tenés novio?". Nnno...

Silencio general. Fin.

Les juro que si me preguntaba la edad hacía dos cosas: lo mataba y luego me largaba a llorar. Encima, después al payaso se le dio por tirarme los perros durante todo el cumpleaños.

Los 36 los habré cumplido hace 10 días, pero no los voy a aguantar un año entero.

3

Yo culpo al vodka-martini

Yo culpo al vodka-martini. Aunque meditándolo con honestidad, creo que la culpa es porque entreno diariamente para ser así de... de.

La escena en cuestión sucedió el día del cumpleaños de mi hermana Sonia.

(A estas alturas, solo pido que acabe de una vez por todas, la temporada de cumpleaños de mi familia, que dura todo el mes de febrero y los primeros días de marzo. El acoso del payaso Puchito en el cumple de mi sobrino no fue un hecho aislado. Hubo otros. Como cuando fuimos a un restaurante a festejar el cumple de mi madre y un mago me tiró onda tratando de llamar mi atención bailando *break-dance* con un pato. Pero esa es otra historia).

El sábado a la noche, Migral de por medio, me puse escote, lentejuelas, tacos de 10 centímetros y me fui a bailar tango a una milonga al aire libre, para celebrar con Sonia y amigos su onomástico.

La carnada surtió efecto (que conste que el escote ni figuró en el asunto, porque con esto del calentamiento global, había 10 grados de temperatura en enero, y yo me enfundé en un cangurito para nada sexy). Un caballero me sacó a bailar tango, milonga, folclore. Casi casi todos los ritmos. Para los que ignoran el código, digamos que eso significa que el tipo me estaba poniendo fichas. Yo andaba feliz y ruidosa como una castañuela nueva gracias al vodka-martini que mi amigo Diego había traído. Vodka-Martini *"shaken"* a lo Bond, James Bond. No fue el vino que tomé previamente con la cena, sino el fondo blanco del trago largo lo que me quitó el frío y la timidez. Pero claro está, a un costo: el cerebro.

El muchacho en cuestión, ya haciendo casi alarde de su galantería y valor, tomó una silla y se sentó a mi lado sin importarle no conocer a nadie en la mesa ni que sus propios amigos se estuvieran yendo.

"Bla bla bla..." le advertí al incauto que gracias al vodka-martini yo estaba más bestia que nunca. Desoyendo las advertencias de mis amigos, digamos que le di para que tenga. Chiste va, burla viene, risas y más risas, etcétera, él, muy galante, me dijo que eso me hacía más interesante...

La noche siguió su curso y finalmente llegó la hora de irnos. El caballero se ofreció a llevarme a donde yo quisiera. Le dije que a mi casa.

Ya en el auto, seguimos hablando y riendo. En pocas palabras, el tipo este había captado mi atención. 38 años, soltero, divertido. Un poco adrenalínico para mi gusto, pero después de todo nadie es perfecto.

Llegamos a la puerta de mi edificio y el muchacho no atinó a nada. No esperaba un beso, pero sí que me pidiera el teléfono. Después de tal despliegue, lo mínimo que una puede esperar es que él te pida el teléfono. Pero como él no decía ni mu, me bajé dignamente del auto.

Y acá fue cuando todo se fue a la mierda.

Amigos, soy una tarada. Aunque si no hubiera estado bajo los efectos del vodka-martini, tal vez no hubiera abierto mi bocota, y hubiera entrado cual reina a mi edificio.

La cosa es que me dio bronca, u orgullo, o habrá sido por mi deformación profesional: algo le faltó a la escena. Fernando (miento el nombre) me saca a bailar tres veces, se sienta a mi mesa, se ríe con mis chistes malos, se ofrece a llevarme a mi casa ¿y después me deja ir así como así?

Me acerqué al auto y le dije:

—Llamame.

—No tengo tu teléfono.

—Pedímelo.

—¿Cuál es?

—1554423537.

Fernando lo guarda en su celular.

Justo ahí el efecto del vodka comenzó a desaparecer y me di cuenta de todo. Pero era demasiado tarde. (¿Vieron cuando no pueden callarse?).

—No me ibas a pedir el teléfono.

—Te iba a encontrar en la milonga.

—Mmm... Entonces no me llames.

—Ya tengo tu teléfono.

—Mmm...

—Me estaba por ir de viaje...

—No me llames.

Le sonreí como pude y me fui. Entré a mi departamento y juré que nunca más iba a abrir mi bocota, o a tomar vodka-martini.

El martes es el cumple de mi otra hermana y tengo miedo. ¿Qué me depararán estos 36?

4

¿Es necesario tanto esfuerzo?

Lo que sigue son solo reflexiones después de una noche de bar con una amiga y su prima. (No importa a cuál fuimos, pero para las que tengan más de 35, Mundo Bizarro no es una buena elección para un viernes a la noche). Nos sentamos en un sofá y pedimos bebidas. Esta vez opté por un bellini, recordando la infausta noche del vodka-martini.

Mi amiga y su prima (ambas bellísimas, divertidas y con mucho levante) me tomaron de alumna y me dieron una serie de consejos, algo así como "los sí y los no" del levante nocturno, dada mi falta de práctica en el tema.

Por ejemplo, me dijeron que hay que sonreír todo el tiempo. Así, si un tipo te ve divertida y riendo le van a dar ganas de acercarse. Claro que, según mi amiga, antes hay que establecer contacto visual, lo cual es muy lógico. Su prima, en cambio, cree en el azar. Si ella se ríe todo el tiempo, alguien vendrá... ¡y siempre es un bombonazo!

Al cabo de dos horas, me dolía la cara de tanto sonreír y sonreír inútilmente. Nadie se me había acercado aún y el bellini (champagne con jugo de durazno) ya me había pegado directo en medio del cráneo. Mi único pensamiento era: ¿estarán pasando *House* en la tele?

Los consejos siguieron. No hay que vestirse como una potra para no asustar, pero sí sexy para invitar. Hay que ser suficientemente inteligente para atraer, pero un poco tonta para no espantar. Eso sí, jamás pero jamás hablar de problemas, divorcios, hijos, rupturas, porque sino el tipo se va detrás de una menos complicada.

Cuando llegó el novio de la prima de mi amiga, mi desconcierto no mejoró, ya que el muchacho no solo corroboró todos y cada uno de estos consejos ¡sino que sumó más! De un grupo de 4 potras, los tipos normales van detrás de la que parece más divertida. De un grupo de 4 demasiado potras, van a ir detrás de la que sea de más bajo perfil, porque si se pueden levantar a la más difícil, se pueden levantar a cualquiera. A una mina con cara de orto no se le acercan ni locos. Etcétera.

Como me tenía que levantar temprano, me despedí rápido y tomé un taxi a casa. El conductor me sacó el tema de los boliches, cuál estaba de onda y esas cosas. Le dije sinceramente: de boliches no entiendo nada. Yo voy a la milonga, le suspiré, añorando el abrazo fácil de un desconocido al ritmo de un tangazo.

Ya en mi cama, y feliz porque había enganchado *House* a las 4 de la mañana, me pregunté: ¿es necesario tanto esfuerzo para atraer/conocer/entablar contacto con el otro? Reír, mirar, vestirte de tal o cual manera, no hablar de ciertas cosas, angular el mentón a 90 grados con respecto al piso, porque si está más abajo parecés una tímida y si está más arriba parecés una engreída. ¿En qué quedó eso de "ser como uno es"? ¿Acaso no es suficiente? O mejor dicho, ¿no debería ser suficiente?

En ese momento, recordé esa frase: "Lo que busco, me busca".

A lo mejor, lo que uno encuentra cuando busca está determinado por cómo uno busca lo que quiere encontrar.

Dicho esto me despido, besos, Paula.

5

Confesiones de una ex conejita de Playboy

Amigos, el sábado fui a una fiesta de disfraces en una milonga. Íbamos Soledad –disfrazada de Dartagnana–, Sonia –de brujita– y yo –de Coneja de Playboy–. Ya desde la entrada notamos que éramos las únicas disfrazadas y nos agarró un ataque digno de Bridget Jones. Nos empezamos a quitar todo. Yo no mucho, porque mi disfraz era bastante minimalista como se imaginarán.

Mandamos a dos amigos no disfrazados a otear el horizonte y nos avisaron que había unos cuantos más haciendo el ridículo. Suspiramos aliviadas y encaramos la entrada con una determinación digna de tres súper heroínas.

Más allá de la joda que en sí misma supone una fiesta de disfraces, digamos que la noche fue un rotundo éxito para mí, ya que me permitió corroborar con un simple experimento sociológico que aquel viejo dicho es absolutamente cierto. El dicho ese que dice "un par de orejitas de coneja tira más que unos cuantos histéricos".

¿Recuerdan al muchacho Fernando que apuré en el auto ofreciéndole mi teléfono el sábado anterior y que optó por "reencontrarme" en la milonga?

Me vio llegar con mi disfraz de Conejita y no se me despegó en toda la noche. Me sacó a bailar mil veces, se quedó a mi lado hasta el final de la milonga y luego me llevó a mi casa. Cuando estacionó el auto frente a mi edificio, yo, recordando mi extrema torpeza del sábado anterior, me prohibí abrir la boca. (Para estas alturas, yo ya era Paula Bianco otra vez, y no la Conejita). Es más, se lo dije bien clarito: "¡No pienso abrir la boca!". ¡JA!

El tipo se rió. Me hice la muda durante unos segundos, hasta que me preguntó si no lo invitaba a mi casa a tomar algo.

Ahí termina, amigos, mi experimento sociológico. Lo demás, invéntenlo como les plazca: decliné su autoinvitación diciendo: no gracias otra vez será; acepté y le hice un café; le dije mejor llamame; no tengo nada para ofrecerte de tomar y mi casa es un desorden; me tengo que levantar temprano…

Saben algo, ahora que lo escribo, lo cual permite una cierta mirada objetiva del hecho, veo que después de todo ¡el tipo hizo lo que dijo que haría! Al final, sí me reencontró en la milonga. Mmm… Entonces: ¿me tiró los perros por mí o por las orejas de Conejita?

6

Haciendo avioncito al grito de "uuuh"

Para los que no pudieron conciliar el sueño, intrigados por el devenir de mi vida de soltera, les paso a relatar los tristes eventos del sábado pasado.

(Tristes no solo por el caballero, sino por mí, que ya me tengo que dejar de joder, hacerle caso a mi psicóloga y arreglarme los radares. Sí, radares, amigos).

Luego del rotundo éxito que me depararon las orejas de Conejita de Playboy en la fiesta de disfraces, el caballero en cuestión, que a partir de aquí llamaré Fer el parapentista, me llamó el martes siguiente para ir al cine. Terminamos jugando al *bowling* y cenando de manera natural y cómoda. Cuando lo despedí a las 4 de la mañana, me dijo: "El fin de semana me voy a Balcarce a una competencia de paramente". Mi respuesta fue: suerte.

Hasta acá todo normal. Digo, tenía ciertos rasgos que no lo ponían como el primer candidato en mi lista, o la de ninguna, para algo serio, pero la intimidad no había sido tan mala y habíamos hablado bastante y con coherencia tanto de cosas serias como intrascendentes.

Al cabo de tres semanas, Fer el parapentista no había vuelto a llamar. Digamos que a esta altura de mi vida no iba a llamarlo yo. La única excusa que lo hubiera salvado de mi ira era: "Disculpame, no te pude llamar porque me hice mierda contra una pared por segunda vez en mi vida, al descender con el paramente".

Pero no fue así. El sábado me lo encontré en la milonga al aire libre "La calesita", sano y salvo, y bailando como enloquecido. Yo, como se imaginarán, tenía el *speech* armado, lo iba a mandar directamente a la... Pero no pude. Lo vi y me dije: ¡En qué estabas pensando, nenaaa! ¡La culpa no la tiene el chancho! ¡Otro más para la colección!

No voy a entrar en detalles, pero antes que él, tuve un breve *affair* con un guitarrista clásico sueco, *affair* que terminó la aciaga noche en que se me ocurrió bromearlo con eso de que Bach tocaba la música de Dios y Haendel de Reyes. Se le voló la tapa de los sesos y casi me troncha con un tramontina, para mi total desconcierto.

Pero volviendo al parapentista, cuando se me acercó muy sueltito de cuerpo para saludarme, le dije hola de la manera más glacial posible, y nada más. Se quedó con la boca abierta como pescadito fuera del agua. Tardó en reaccionar y se alejó rengueando hacia otra mesa. La renguera es secuela de un accidente en parapente que lo estrelló contra un muro.

Ante la sorpresa, tanto mía como de mis amigos, se atrevió a sacarme a bailar un par de veces. Juro que en mi interior quería decirle que no, y de paso por qué no te vas un poco a la... pero fue imposible. Después de todo, intuí que este tipo ni se iba a dar por enterado. Cualquier reclamo iba a caer en el vacío. Entre tango y tango, Fer intentó hablarme de cosas intrascendentes, a lo que yo respondí con monosílabos. El tipo optó por ignorar el hecho de que no me había llamado y comprendí que no tenía sentido decirle nada. ¿Para qué, después de todo, desperdiciar pólvora en chimangos?

Antes del último tango, igual, lo miré seria, le clavé mis ojitos con todo el filo que pude encontrar en mi interior. El muchacho, por unos segundos, volvió a abrir la boca como pescadito, pero terminó por sonreír en silencio. ¿Recuerdan el dicho: "A buen entendedor, pocas palabras"?

"La" palabra que le dije fue: ¿Qué? Volvió a sonreír casi sin poder mantener la mirada. ¿Qué?, le volví a tirar. Me dijo creyéndose poeta: "Te estoy mirando profundamente". ¿Ah, sí? ¿Y qué ves? "Unos ojazos bla bla...". No me digas. Fin de la tanda, del tango y de todo.

De vuelta a mi mesa, seguí bailando hasta las 4 de la mañana todos los ritmos. Pero en mi cabeza seguía la misma cantinela: ¡¿En qué estabas pensando?!

Me fui de la milonga con cierta entereza y algo de dignidad. Estaba feliz porque no lo había encarado, cosa que hubiera sido una pérdida de energía y sentido común, puesto que el muchacho ni era histérico (como opinaban varios) ni se hacía el no sé qué. Simplemente era un tarado marca cañón, y a pedal.

Me dormí con el orgullo algo dañado, reprochándome para mis adentros: te volvió a fallar el radar. Pero solo para despertarme con una noticia, digamos, terrible.

Mi hermana Sonia y mi amigo Diego no quisieron decírmelo el sábado a la noche, por miedo a mi reacción. Pero por la mañana Sonia me llamó y me contó que lo vieron correr alrededor de la calesita, es decir por la tierra que rodea la pista de baile de La calesita, que es circular como ustedes ya se imaginaron. Corría con los brazos abiertos en cruz, como si fuera un nene de 5 años, haciendo el avioncito al grito de Uuuh... Uuuh.

¡AAAHHH! ¡Por Dios! Conmigo se había comportado como un hombre básicamente normal. Sí, tal vez histérico, tarado, adrenalínico, lo que quieran, ¡pero normal! ¿Quién, en su sano juicio, se pone a correr por la calesita creyéndose parapente humano y gritando uuuh?

¿Quién?

¿Y quién accede a salir con semejante espécimen? ¡YO!

Amigos, prometo firmemente:

1. Aflojar con las bebidas espirituosas.
2. Ir a que me revisen la mollera, porque me dejó de funcionar el radar que detecta locos, dementes y bichos semejantes.
3. Seguir los consejos de mi astrólogo (sic) "e ir en contra de cualquier impulso que me aparezca". De ahora en más voy a hacer lo opuesto que me mande mi cabeza.

Saludos, Paula "Radiador" Bianco.

7

Mi percepción del tiempo es distinta, dijo...

Amigos, el avioncito humano llamó. Sí, Fer el parapentista. Me agarró desprevenida. Aunque no sin recursos:

Fernando: Hola.

Paula: ¿Quién es?

F: Fernando.

P: (luego de un silencio) Ah...

F: ¿Cómo estás?

P: Bien...

F: (como si nada) ¿Ya arreglaste para cenar?

P: (casi riendo) ¿Eh? ¿Para qué?

F: (ya dudando del llamado) Eh... Digo, para verte... y hablar.

P: ¿Hablar de qué? No creo que haya mucho de qué hablar.

F: Es que... te quería explicar...

P: Mirá, a mí un tipo que después de salir un par de veces y tener intimidad, pasan tres semanas y no me llama, no me va. A mí me gusta que me llamen, que sean caballeros. Al menos ahora. Antes era distinto. Pero ahora es así.

F: Es que justamente yo entiendo que estés enojada, pero es que mi percepción del tiempo es distinta a la de los demás (sic).

P: (riendo) ¿Qué?

Acá me explica que para él, como viaja mucho, por dos semanas por ejemplo, y siempre tuvo relaciones con chicas "del interior", era natural tener esa periodicidad en las llamadas. Que era su manera de ser.

F: Sé que trae problemas o que vos tenías otra expectativa...

P: Mirá, yo con vos no tenía expectativa de nada. Todavía ando mal por mi ex y solo estaba para tener algo casual, salir, tomar algo, tener onda. Nada más. Pero incluso para una historia así de liviana, a mí me gusta que me llamen.

F: Blablabla... Por eso te llamo, porque quería verte y de paso explicarte.

P: No me malinterpretes, si a vos te cierra ser así, si te gusta, te funciona, está todo bien, no hay manuales, y debe haber minas a las que les gusta eso, solo que a mí no me va. Yo tuve relaciones con hombres de otras provincias, de otros países. Y me llamaban. Sin ir más lejos, acabo de recibir un regalo de un ex que vive en Holanda.

F: Ya sé... Tenés razón.

P: Para mí, es como dice Kurt Vonnegut: "No grandes amores, sino simple decencia". Y no es que esté mal tu forma, solo que a mí no me va. A esta altura de mi vida, es lo que quiero. Incluso en la más liviana de las relaciones posibles.

F: Bbbueno...

P: Gracias igual por llamarme.

F: No me tenés que agradecer.

P: Sí, porque lo necesitaba para cerrar esto que no entendía... Ah, suerte en la operación de tu rodilla.

F: Gracias...

P: De nada, chau.

Y corté. Amigos, si pensaban que iba a aflojar, no fue el caso. Se me arreglaron los radares, parece.

Un beso, Paula.

8

Reflexiones sobre el tiempo

Pensando en eso de "mi percepción del tiempo es distinta", recordé otras situaciones donde el tiempo, o *timing*, había sido un tema. Como cuando un ex decidió cortar nuestra relación mientras nos traían el *chop-suey*. Era un viernes de lluvia y me había invitado a comer al barrio chino. La moza nos trajo el menú, ordenamos *chop-suey* y algo más que no me acuerdo, y mientras esperábamos le pregunté: ¿Cómo andás, estás bien?, porque algo notaba, y ahí me dijo que necesitaba un tiempo... ¿No pudo decírmelo en mi casa, a solas, en un momento creado especialmente para eso? No, se le ocurrió ahí. Cuando la moza por fin nos trajo la comida, le dije: Por favor, para llevar. Me fui a mi casa sola, no sin antes regalarle la comida a un hombre que dormía en la calle. Ese mismo ex, luego, eligió por fin terminar la relación unos diez minutos antes de que yo empezara a dar una clase de tango. Una se pregunta si ya lo tenía planeado, ¿no podía haber elegido un momento mejor? Uno en dónde yo no tuviera que trabajar inmediatamente después.

Si estas fueran situaciones únicas, no se podría sacar un patrón, o al menos una especie de tendencia... Pero hubo otras. Un escritor pidió mi teléfono y me invitó a salir. Durante la cita, a mí algo no me cerraba, así que prendí el sabueso que tengo dentro y tras preguntar un buen rato, logré que dijera "mi novia es francesa"... Esas exactas palabras, mi novia es francesa. "Es" en presente, no pasado. ¿Es decir que este caballero decide por mí que yo voy a estar de acuerdo en ayudarlo a meterle los cuernos a su novia francesa? Hubo otro escritor que hizo algo parecido, aunque peor. Porque al otro lo despaché rápidamente. Todo tiene que ver con el tiempo... Este último escritor decidió hablarme de su novia cuando ya me tenía contra las cuerdas (léase "en ropa interior"). No voy a entrar acá a disertar si está bien o mal tener historias por fuera de las relaciones oficiales, porque yo no soy ninguna santa, pero lo que sí creo es que por lo menos una tiene que estar avisada de cómo viene la cosa "antes" de ir a una cita. ¡Las citas a ciegas no tienen que ser taaan ciegas! ¿Acaso si una estuviera al tanto, saldría? Sí. No... No lo sé. Pero se huele un poquito de egoísmo en estas situaciones. Como la vez que un hombre decidió contarme que se había tranzado a mi hermana cuando ya habíamos tenido relaciones... (Y sí, ¡yo los colecciono!)

Me acabo de acordar de otra situación, que por suerte no me pasó a mí. La presencié en la librería El Ateneo. Estaba con una amiga tomando algo en la cafetería, sentadas bien en la entrada donde está la escalerita. Eran como las 7 de la tarde y había un gentío. Dos hombres de traje se pararon en los escalones y miraron hacia las mesas, buscando a alguien. Uno codeó al otro, y este dio la espalda a la cafetería mientras se quitaba el anillo de casado y lo escondía en el bolsillo de su saco. Acto seguido, junto a su amigo, avanzó con sonrisa de galán hasta una mesa donde esperaba una señorita de falda corta y tacos altos. La abrazó, la besó, la invitó... Con mi amiga no lo podíamos creer. Los dos hombres y la mujer se fueron de la cafetería, con mi amiga pagamos y nos fuimos a perseguirlos por El Ateneo. Había una presentación de un libro y estaban ahí. Él le dio vino, la tenía tomada por la espalda a la señorita que no tenía idea de la existencia del anillo de casado escondido en el bolsillo. En un momento, esta chica se fue al baño y con mi amiga pensamos en seguirla y ponerla al tanto... Pero no lo hicimos. Nos pareció un poco desesperado y también, a lo mejor esta chica algo intuía y tal vez prefirió no ver...

Mi gran amigo Coppini considera que mi relación con "el tiempo" es poco sexy. Prefiero tener el *sex appeal* de una palangana y ser yo la que decido si quiero o no tranzarme a alguien que está en pareja, o que otro no decida por mí si voy a llegar a dar una clase de tango con los ojos como dos compotas.

En fin, son estas divagaciones sobre el tiempo, sobre la información brindada a tiempo, sobre el egoísmo
que implica no hablar a tiempo... Claro que todo esto
también le pudo haber pasado a un hombre. Después
de todo, el amor y el desamor, los descuidos, desencuentros y cobardía son universales y unisex.

9

¡Tenía 22!

Hacía un par de semanas que yo ya había decretado el fin de mi estado voluntario de barbecho. (Un estado parecido al celibato pero con otro fin: reencontrar, reparar y renutrir mi "yo"... ¡faaa!).

Como les decía, había dado fin a mi estado de soltería reflexiva, pero digamos que La Vida no se había dado por enterada. Imagínense las ganas profundas e irreprimibles que tenía de salir a revolear la chancleta de taco aguja...

Unas amigas me arrastraron a un *after-office* en un magnífico palacete parisino lleno de empleados del microcentro porteño. Demás está decir que me sentía sapo de otro pozo. Pero con todo, la noche prometía diversión. El alcohol corrió por las gargantas de todos los asistentes y todos se relajaron: los unos se aflojaron las corbatas y las otras se escotaron el escote.

Mis amigas y yo empezamos a bailar y los encuentros cercanos con cualquier tipo se hicieron presentes. Una cosa llevó a la otra (observen la vaguedad de mi descripción) ¡y terminé rechazando a un "bradpitt" de 22 años! ¡22 años! ¡Por Dios! Abdominales como tabla para lavar ropa, el cabello rubio por la parafina de su tabla de *windsurf*, deporte del que era campeón nacional. Su nombre: Tigris (no es joda, le exigí documentos) Era, sin más, la personificación de todos los chicos que en mi adolescencia jamás me habían dado bola.

El tipo me tira onda y yo le contesto: Si tuviera 20, estarías bárbaro. Pero tengo 36, así que te dejo pasar. Él tarda en comprender que yo, "una de 36", le esté diciendo que no a él, pero enseguida me responde: "¿Cómo vos te das el lujo de perder una oportunidad como yo?". Dice esto apoyando, sorprendido, su mano en mi propia tabla de lavar ropa que son mis abdominales... (que no son producto del *windsurf*, sino de la rehabilitación de una hernia de disco. Qué le vamos a hacer, en algún lado están los 36).

¿Qué le iba a contestar a Tigris?... Nada.

Para todos mis amigos que en este momento estarán gritándole a las letras: ¡pero Bianco, la put... quelopar... dejate de joder, era un service!, les cuento que me fui con uno de 34.

Besos, Paula.

10

¡Aguante el misionero!

Amigos, el viernes tuve la mala idea de dejarme arrastrar por mi amigo G a un Festival Porno en un foro tipo hangar, en la Costanera. Supongo que de noche la cosa hubiera sido un poco más interesante, jugada, fuerte. Pero a las 5 de la tarde y con un sol que rajaba la tierra, el festival tenía algo entre ridículo y forzado.

Mi curiosidad tal vez fue lo que me impulsó a ir, siempre a la pesca de alguna historia que contar. Pero lo que vi no fue, ni por casualidad, remotamente inspirador. Muy medio pelo y a mitad de camino, en gran parte porque no tenían permiso para ser demasiado explícitos. La muestra consistía en *stands* con muchos consoladores de todos los tamaños, colores y formas, aberturas corporales ficticias, esposas, bolas chinas y algunos adminículos que no logré descifrar para qué eran y no me atreví a preguntar.

Había exhibiciones de chicas pulposas y algo vestidas que jugaban a histeriquear a hombres que dejaban mucho que desear, sobre todo porque se les notaba que deseaban a otros hombres. Tal vez lo más al borde fue una obesa disfrazada de monja que prometía un *strip-tease* asistida por un enano.

También presencié un par de certámenes que premiaban, por ejemplo, a las que tenían la garganta más profunda, chicas que fueron aplaudidas por un público 99% masculino. No vi ni a la Cicciolina ni a la acróbata vaginal, lo cual me tuvo sin cuidado. Pero mi amigo no opinó lo mismo, él se quería sacar sí o sí una foto con la *porno-star* italiana.

Entré, siempre escoltada por mi amigo G, a una sala donde proyectaban cine porno clásico, pero como estaba doblado al español, una terminaba oyendo frases como "fóllame, fóllame con tu peñasco" y cosas por el estilo. Digo porno clásico (que me gusta) porque también tuve el infortunio de ver "lo nuevo del porno": unas tomas que más parecían colonoscopías que otra cosa. Digamos que el apetito sexual se me fue por un tiempo.

Así que mientras deambulada por la expo, entre aburrida y un poco harta de tanto cuerpo y agujero, me asaltó un pensamiento: ¡qué mal lugar para conocer a un tipo! A no ser que fuera un reportero o un camarógrafo... Aunque pensándolo bien, ¡ni así! A una siempre le quedaría la duda: ¿no será un sexópata como mi amigo G?

Cuando nos estábamos yendo, vi algo que todavía daña mis retinas: una mujer de unos 45 años, con el pelo quemado y teñido de negro azabache y con un enterito de encaje negro, que se hacía la dominatrix. No solo no parecía una sado castigando a su maso, sino que era la viva encarnación de la empleada municipal, y para colmo, bizca. Nos miraba, interpelándonos con el ojo bueno, al público, quiero decir, incitándonos a que le pidiéramos que fuera más "mala" con su víctima: un gordo vestido con portaligas de látex y peluca negra, con bozal y cadenas, atados sus pies y manos en la espalda como cerdito al horno, todo traspirado. La mujer le daba palmaditas leves e inofensivas con un látigo, y luego, para estupor de los presentes, se lo llevó a pasear por la expo. Lo arrastraba en su carrito...

Fue demasiado para mí.

Salí al calor bochornoso, y mientras caminaba hacia mi casa, me pregunté si eran necesarios tantos juguetes, tanta estimulación visual, tanta cosa, ataduras, golpes, posiciones imposibles de cuerpos imposibles. Y llegué a la conclusión de que estaba errando en hacerme esa pregunta. Necesario no es nada. Solo lo que a cada uno le gusta... Y mientras sea con consenso y con sentido, ¡a disfrutar que se acaba el mundo!

11

Paula "cara con alambrado" Bianco

Gente, esto es terrible. De lejos no se nota, pero a medida que el sujeto se acerca al objeto en cuestión... ¡Dios!

A mi cara le creció un alambrado, o por qué no, una cerca blanca, que bien podría ser el paragolpes de un viejo Chevy. Mis amigos dicen: "no se te nota para nada, es como si no los tuvieras". Manga de cretinos verseros.

Les aseguro que dudé en ponerme los *braquets*... Sigo soltera, sigo con 36 años, sigo con *handicap*. Si yo fuera Scarlett Johansson otra sería la historia. Pero no. Una, a estas alturas del partido, se tiene que ayudar, no ponerse palos en las ruedas. Pero, a fin de cuentas, la salud mental se impuso y accedí a mejorar mi salud dental por un año y medio. Eso sí, son de cerámica. Los metálicos hubieran sido una sentencia de muerte. Como me dijo un viejo amigo milonguero: ¡Te ibas a morir virgen, Bianco!

Mis amigos (¡qué haría yo sin mis amigos!) me aseguraron que parezco una pendeja. Que me quita años. Que tengo más labios. Eso sí, me sugirieron que practique mucho mucho comer helado, para no dejar marquitas... ejem.

Lo bueno es que doler, no duele. Es más, hasta llamé a la ortodoncista, decepcionada e indignada por la falta de dolor, exigiéndole que me los ajustara. ¡Masoquismo en estado puro lo mío!

Como a obsesiva no me gana nadie, les cuento que ya tengo mi "kit para la cartera de la dama", que comprende un cepillito finito para limpiar entre los *braquets* y el alambre, otro más grande por las dudas, pasta dental y la recomendada cera contra el dolor. Cera que no he tenido que usar. Todos te asustan con que te va a doler, te va a doler, y una se prepara psicológicamente durante semanas, meses, y al final resulta que una tiene el umbral del dolor tan alto que no siente un cuerno. Qué jodido, ¿no? Si tan solo mi corazón tuviera la resistencia de mis dientes...

En fin, para ir resumiendo, gente, comer a mi lado es una fiesta. Sobre todo si los alimentos están condimentados con perejil u orégano o conformados mayormente por verdes. Por otro lado, hoy voy a mi clase de canto. Tengo que evitar las efes si no quiero bañar a mi profesora con fffluidos. Mi gata encuentra fascinante los juguetitos que le crecieron a mi cara. Tengo que andar espantándola porque insiste en tratar de sacármelos.

Y ya para terminar esta crónica, les cuento que a mis conocidos los atajo de entrada. Les digo: antes de que me hagas los chistes vos, me los hago yo, tengo un alambrado en la cara, doble dentadura de tiburón, cierre relámpago, etcétera. Igual, se me ríen lo mismo.

Besos... aunque mejor se los tiro con la mano.

12

Un maldito repostero

Amigos, ¿a quién en su sano juicio se le ocurre poner un revólver en las cintitas rosas de una torta de casamiento?

Como ya habrán adivinado, ese adornito macabro me tocó a mí. Bien podría haber sacado la alianza, el corazón con cerradura o la llavecita para abrir el corazón con cerradura, un trébol de cuatro hojas, una herradura de la suerte... ¡Cualquier cosa! Pero no, Paulita se ganó un revólver dorado. Imagínense mi cara al tirar de la cinta bebé rosa. ¡Maldito repostero! Todos los demás adornitos auguran posibles futuros encuentros amorosos. ¿Pero un revólver para qué sirve? Por ahora solo adivino dos posibles respuestas: o salís a cazar a un tipo o te pegás un tiro. Terrible.

Me puse de un humor espantoso. Tal vez porque lo del revólver había sido como la frutilla del postre. La noche no había empezado de la mejor manera.

Como saben, vivo sola. Tenía planeado usar un fabuloso vestido estilo "New Look" de Dior, que se cierra por la espalda. Faltaban minutos nomás para que me pasara a buscar el taxi y ahí estaba yo, sola en mi monoambiente, maniobrando para cerrar el bendito cierre, y sin éxito. ¡Estaba peinada, pintada, pero en pantuflas y en bolas! Tuve que salir con el vestido a medio poner a tocar los timbres de mis vecinas para que me cerraran el vestido. Un espectáculo lamentable. Lo peor del caso es que tuve que tocar varios timbres. Mi único pensamiento era: ¡si viviera con alguien, esto no me pasaría!

La lectura de los votos de los esponsales en la ceremonia puso a prueba mi maquillaje. Pero, gracias a Dios, el bendito rímel era a prueba de agua y eso evitó que me trasformara en un mapache. Durante el vals se me piantó otro lagrimón, uno bien grande. Pero no fue por ver a los novios danzando extasiados al ritmo del *Danubio azul* como si no hubiera existido el amor antes que ellos, sino por saber que mi viejo ya no va a estar para sacarme a bailar el vals cuando me toque a mí ser la novia.

Luego, Frank Sinatra cantó sus *Strangers in the night*, *I´ve got you under my skin* y *New York, New York*. Y salieron a bailar todos: jóvenes, viejos, maduros, padres, abuelos, tíos, amigos, todos en pareja. Todos menos yo. Tomé con mucha delicadeza una burbujeante copa de champagne y conminé al mozo para que la mantuviera llena toda la noche. Temía que se me hiciera larga.

Pero no fue así. Bailé, comí, bebí y me reí entre viejos amigos. Fui testigo de la unión de dos personas que se aman. Y además de todo eso, hubo otro hecho feliz. Dos hombres amigos de la pareja que se casaba, que yo había conocido en New York el año anterior, no me reconocieron. No fue hasta bien avanzada la fiesta que cayeron en la cuenta de que era yo, que era la misma persona. "¡Ahora me acuerdo de quién sos! ¡Estás re cambiada! ¿Qué te pasó? ¡Qué vestido! ¡Tu piel! ¿Qué te hiciste? ¡Estás divina!". Yo les sonreí, profundamente agradecida.

Recordé qué me había pasado un año atrás: estaba en una relación que no iba ni para atrás ni para adelante. Empantanada. Y sin opción a mejoría.

Ya en el final de la fiesta, mientras me guardaba alegremente el revolver en mi cartera, pensé: después de todo, mi soltería no me vino nada mal. Sé qué es lo que no quiero, lo que probé y no funcionó. Y sé que tengo un revólver para salir a cazar. Sí, con z. Pero no al príncipe azul, que destiñe, sino a un hombre que, como yo, tenga el deseo de amar bien. Mal ya lo conozco y no sirve para nada.

Un beso a todos, Paula.

PD: a los que les intriga saber cómo fue que me saqué el vestido, les cuento que una amiga de la hermana del novio y su marido me alcanzaron hasta mi casa. Ella fue la que me bajó el cierre hasta la mitad de la espalda, en la puerta de mi edificio. Llovía y hacía un frío de la gran siete. Subí las escaleras hasta mi departamento sosteniéndome el vestido con las manos y a paso ligero, no fuera cosa que me topara con algún vecino. Abrir la puerta se me complicó. Pero estuvo todo bien. Todo está bien.

13

Bitácora de viaje. Día 1: ¡Era mole poblano!

Queridos míos, estoy en un *spa*, a ver si así me calmo un poco y recargo baterías. Cuando llegué, llovía a cántaros y caían rayos y centellas. Pasadas varias horas, la cosa no mejora. Y el *spa* tampoco. Pero me consuela pensar que podría ser peor. Por suerte, pude cambiar la habitación 23 por la 24. La 23 me dio alergia. Sí, ya sé, vine a relajarme...

Hice tripa corazón, control mental para calmar mi fobia a los gérmenes, a las bacterias, a los hongos y a todo lo viscoso, y me lancé valiente a la terapia con fango. ¡Que más que fango parecía mole poblano! Le habían puesto chocolate al barro. La pasta no llegó nunca a secarse. Así que ahí estaba yo, jugando sola al tatetí sobre mi muslo derecho embarrado, hasta que no aguanté más y le supliqué a la señorita que me lo quitara lo más rápido posible. Luego, me metí en un baño romano, muy lindo, todo de venecitas, agua y espuma. Eso sí que estuvo bueno. Muy relajadita, me fui pa' la alberca cubierta, toda de vidrio, que permitía ver el entorno natural siendo azotado por la furia del temporal. Fue ahí que me di cuenta, haciendo chapa-chapa en la pileta: ¡está lleno de parejas! ¡Lleno! Excepto por cuatro cincuentonas parlanchinas. Luego de nadar graciosamente a lo Esther Williams unos largos en un agua como para blanquear petróleo, me fui a almorzar. Estaba con el menú en mis manos cuando se sentó él. El único hombre solo en todo este lugar. Aunque no era mi plan, no le voy a andar discutiendo al destino, ¿no?

Se sentó frente a mí, en la mesa contigua. Yo estaba parapetada: celular, libro, cuaderno de notas y mis *braquets* con espinaca. El joven, curiosamente, ordenó lo mismo que yo. Hasta la bebida. Y la moza tuvo la inocente sincronía de traernos los platos al mismo tiempo. ¡Esta escena va a parar a mi próximo guión! Sí, ya sé, vine a relajarme... Es que la música no me lo permite. Tienen un solo CD de música *new age* y lo repiten y lo repiten. ¡Si me ponen uno de Arjona, ahí sí que me voy a la mierda!

Fuera de broma, la estoy pasando bomba. Me cuesta cambiar mis rutinas obsesivas, pero lo vamos logrando. Ya lo del barro, para mí, fue una rotunda victoria. ¡Los tendré informados!

Besos, Paula "la mole humana" Bianco

14

Bitácora de viaje. Día 2: Cuando calienta el sol

Primera Parte

Amigos, el tiempo no mejora. Pero aun así, y aprovechando que por 5 minutos dejó de llover, salí a dar la vuelta al perro por el parque del *spa*. Me topé con un charco de agua y tres palmeras, que en la *webpage* estaba descrito como playa. En este espejo de agua nadan cinco carpas en fila india. Así de grande es. Y como el avistaje de aves se redujo a un par de palomas sobrealimentadas, (lo que me hizo confundirlas a primera vista con caranchos), me puse a jugar con los perros. Eso siempre es divertido.

Descubrí que el *spa* tiene un metegol, una mesa de *pool*, una de pingpong, *backgammon*, ajedrez, *pictionary* y damas. Lástima que mi comensal silencioso desapareció sin dejar rastro. ¿Ahora con quién juego a las bolitas?

Como habrán deducido, me cuesta desenchufarme y me aburro un poco. Ya me leí varios capítulos del libro que traje y también le exigí a mi jefa que me mandara laburo. Sí, ya sé, vine a relajarme...

Y para eso, hoy tengo a las 11.00 una sesión de masaje relajante y a las 18.00 otra de masaje con piedras calientes. Espero que no me pidan usar otra vez la bella ropa interior descartable que me puse para lo del barro. ¡Era como una bombacha de goma para bebés gigantes! Qué imagen la mía, toda llena de barro y con ese bombachón...

Segunda Parte

Amigos, por la tarde, luego de mucha lluvia, salió el sol en Lobos y la naturaleza se puso a hacer bochinche. Los pájaros salieron a festejar, en parejas obviamente ¡como todo en este lugar!

Vi, además de los palomos sobrealimentados, unos horneros, unas cuantas aves acuáticas (que vaya a saber una cómo se llaman), una especie de águilas chiquitas o lechuzas grandes, gorriones cachuditos, ¡de todo! El aire puro, perfumado de jazmines, traía el mugido de las vacas, los gritos de los gallos, el ladrido de los perros. ¡Todo por el sol! Una tarde espectacular, rematada por un profesional masaje de piedras calientes...

Qué piedras, amigos. El chico que me hizo el tratamiento tenía unos ojazos azules, tatuaje tribal en el bíceps izquierdo y el cabello largo, castaño, atado elegantemente en una colita. Demás está decirles que tuve ganas de sugerirle: ¡Largá las piedras! Pero no, una es una dama después de todo. Y el masaje en sí mismo (más allá de las buenas piedras del muchacho) estuvo buenísimo. ¡Muy recomendable!

A la noche reapareció el chico que estaba solo, pero ya no estaba solo sino con su papá y un tío. Así que oficialmente puedo asegurar que soy la única sola en este lugar. ¡Me la paso leyendo y comiendo muuucho *marquise* de chocolate!

Les mando un beso, Paula "piedras calientes" Bianco.

15

Bitácora de viaje. Día 3: Disculpe, hay un gusano en mi ensalada

Amigos, toda la mañana hubo un sol maravilloso, y aunque ahora amaga a esconderse, no por eso las aves abandonan sus trinos. Además de los pajaritos ayer mencionados, voy a enumerar otros, que por desconocer su nombre, llamaré de acuerdo a su canto: el chajá, el bichofeo, el uu uu uuú, el tui tui. También vi colibríes (esos sí los conozco). Sorprendentemente, el espejo de agua, además de sus cinco carpas, alberga otros pececitos saltarines. Preciosos y vivarachos.

Siendo que el sol del mediodía me derretía –y reconozcámoslo– ¿cuántas aves puede una avistar sin desbarrancarse en el aburrimiento más absoluto?, me marché a almorzar. Me pedí lomo con ensalada de hojas verdes. El lomo estaba buenísimo. La ensalada tenía un gusano.

¡Sí, señoras y señores! Y para que sepan, no armé escándalo ni nada de eso. Habiendo estado casi 3 días en este lugar, no me sorprendió que los estándares higiénicos fallaran. Así que me fui, calladita la boca, plato en mano, a la cocina. En el *spa* hay un cierto "comentario murmurado" entre el personal sobre las mujeres solas que vienen a lamerse las heridas aquí, y que tal vez por eso son un tanto quisquillosas: les dicen que son "exigentes" o "que no las conforman con nada". Pues, amigos, no quería pasar a formar parte de ese grupo de ninguna manera. Así que les devolví la ensalada sin ningún aspaviento (y para el que me conoce por más de 5 minutos, sabe cuán difícil fue eso para mí). Me pedí a cambio de la ensalada viva, un plato de papas fritas. Decisión inteligente: ¡pasan por el fuego!

Amigos, esto se acaba. Y con la panza llena de helado y frutos rojos, me dispongo a tomar un poco más de nube, antes de despedirme de este lindo lugar y regresar a la ciudad. Después de todo, hay que reconocer que la pasé bien, descansé, dormí, nadé, me masajearon con piedras, y comí mejor que la porquería que me venía cocinando hace meses.

En el almuerzo apareció una mujer sola, no la había visto antes, por lo que supuse que recién había llegado al *spa*. Leía, comía y cada tanto miraba el anular vacío de su mano izquierda. Como añorando algo…

¡Queridos míos, espero que mi soltería vaya llegando a su fin! Aunque, con la cabeza y el cuerpo más relajado, puedo reconocer que la soledad tiene su lado positivo. ¿Será que para estar bien con otro, primero hay que estar bien con uno?

16

El fantasma

Siendo que el último hombre que me tiró los perros fue un cura (se imaginarán la escenita: yo, incrédula, mirándole la levita y preguntándole: ¿Usted me está pidiendo el teléfono a mí?), se me puede perdonar la debilidad de ánimo ante él.

El fantasma de mi viejo amor. El hombre bello.

Lo vi de casualidad en una milonga de la calle Corrientes. El mismo inseguro de siempre. El bello de siempre. ¿Por qué, de repente, aparece el pasado y barre con todo lo que una se esforzó por plantar, hacer crecer, cuidar?

Con el fantasma aparecieron los recuerdos. Los buenos. Los malos. Como un flash. Pero con lo del curita encima, más mi celibato voluntario de meses, el estrés y la mar en coche, fueron solo los buenos recuerdos los que se ensañaron en quedarse, en permanecer haciéndome compañía... ¿Por qué los recuerdos operan así? De golpe, me encontré repitiendo como mantra la canción de *Bola de Nieve*: "Pobrecitos mis recuerdos, cómo luchan por quedarse junto a mí, yo les digo que se marchen, que me dejen y que no me hablen más de ti".

Aunque esa noche no se notó mi nostalgia. Traté de aplicar lo que le decimos a los niños cuando creen que el hombre de la bolsa se esconde dentro del ropero: ¡Enfrentalo! ¡Prendé la luz! ¡Mirá!

Y lo hice. Con mi mejor semblante, con mis mejores ojos, con mis mejores sonrisas, como si no me importara, como si no recordara las noches juntos, ni las extrañara.

Lo enfrenté con tales ovarios que lo enmudecí. Y de repente, ese hombre se hizo pequeñito y pude ver que mi fantasma no asustaba tanto. Esa noche me fui a la cama orgullosa de mí misma y sin miedos, durmiendo a las ovejitas con la frase: ese hombre no era para mí, hice lo correcto.

Pero los días y las noches van pasando y lamento reconocer que no soy tan fuerte...

¿Aunque es algo bueno, no? Hay corazón.

17

Fifty shades of...

Amigos, la edad no es un parámetro de nada. ¿Y por qué lo sé? El jueves me invitaron a una especie de fiesta privada; yo me había pasado varios días investigando sobre enfermedades y trastornos para un guión, por lo que necesitaba airear mi cabecita con urgencia, y como además de buen vino iba a haber un show de *strip-tease burlesque*, me pareció interesante la propuesta, y fui. El show en sí fue muy muy breve, y por ende, nada erótico. La mina se subió a una tarima, se meneó 3 segundos al ritmo de una música medio jazzeada, hizo ¡Boom! y se sacó todo. Una decepción. Mientras bebía vino con mis amigas, se me acercó un señor, amigo del hermano de una de mis amigas. Y digo señor porque no podía tener menos de cuarenta y pico, largos. Bueno, tenía cincuenta. Yo no aparento la edad que tengo, así que por lo general se me acercan tipos más chicos que yo, y los espanto. La historia de Demi Moore me impresiona un poco...

Así que cuando este hombre se me acercó, le di chance. Tenía pelo abundante atado en una colita, todos sus dientes blancos, buen físico y se reía, además parecía tener buena charla. Como se había hecho medio tarde y yo ya tenía ganas de irme, él se ofreció a llevarme, no sin antes tomar un café juntos. Cuando me dio la espalda para escoltarme a su auto, le vi la parte de atrás de su cabeza. El pelo largo atado en una colita era para simular la coronilla raleando. En fin, ahí estaban los cincuenta. No fue que se estuviera quedando pelado lo que me impactó, después de todo yo había salido con varios pelados, sino su intento por ocultar la incipiente calvicie. Sumado al uso de zapatillas Converse, tendría que haber hecho 2+2 ahí mismo y haber abortado la misión. Pero bueno, seguí adelante con el café, un poco obedeciendo a la sabia frase de mi querida amiga Sole: "Paula, un café no se le niega a nadie", y otro poco porque hacía bastante que no estaba con nadie, que no conocía bíblicamente a nadie, y amigos, aquí el error en mi silogismo: creí que a los 50, un tipo ya la tiene clara en esos menesteres, nomás por una cuestión de tiempo transcurrido sobre la faz de la tierra.

Qué noche olvidable la que le siguió. Pero no por él, sino por mí, que sigo desoyendo una y otra vez las vocecitas en el fondo de mi cabeza. Y cuando digo "voces", por favor, no crean que voy a empezar a girar el bocho a lo Linda Blair. Ustedes ya saben a qué voces me refiero.

La noche del café terminó con un beso breve en la puerta de mi casa y él diciendo que me iba a llamar para salir. El sábado me llamó a eso de las 18 para invitarme a tomar algo a eso de las 20. Me quedé dura, a esa hora, el hombre te invita a cenar. Y más un hombre de 50. Y se lo dije: ¿cómo que a tomar algo, a esa hora yo tengo hambre? Me respondió: "Es para ver qué onda…".

Nuevamente, ahí mismo tuve la oportunidad de cortar la cosa. ¿Onda? Me sonó a excusa ratona. Pero bueno, como era amigo de un conocido y no quise quedar como loca, además, no tenía nada que hacer esa noche.

Me pasó a buscar por casa y me llevó a un bar restaurante en San Isidro. Según él era un lugar "recool", y luego podríamos ir a su casa a ver una película… Todo me siguió haciendo ruido: ¿cuándo íbamos a cenar? Yo no soy clavel de aire, es más, a pesar de mis 48 kilos, ¡morfo como lima nueva! Cuando llegamos al bar en cuestión, no había ni un alma. Para tomar un *"drink"* solo se podía estar en el *"deck"* (palabras textuales de la moderna maître que nos atajó en la puerta). Yo me puse firme con un no rotundo: había un viento que te volaba, después de todo estábamos a la orilla del río.

Como él no atinaba a invitarme a cenar ahí, le dije que yo algo tenía que comer, que fuéramos a otro lado. A esas alturas, temía que me sugiriera McKing, pero tranzamos en Barlsidro. Me pedí unas rabas, y él una hamburguesa. No paró de hablar de su vida, sus problemas, su divorcio, lo *cool* que era su empresa, lo bien que se llevaba con su hija adolescente, las maratones que corría, etcétera, etcétera. Y cada vez que yo quería meter un bocadillo sobre mi vida, me cortaba rápido con frases como: "Bueno, la vida es así" y seguía torturándome con sus problemas. Terminada la cena, ya en el auto, me invitó a su *loft*. Estaba muy orgulloso de su *loft*.

Yo, claro, dudé, no la había pasado tan bien. Me trató de convencer argumentando que tenía bebidas para ofrecerme, incluyendo Baileys. "¿Conocés el Baileys?", me dijo guiñándome un ojo y haciéndose el intrigante. Yo parpadeé, medio harta. Obvio, le dije. Y se ofendió: "Ay, parecés mi hija de 15, que dice todo el tiempo obvio…".

¿Pero cómo no voy a conocer el Baileys? Me callé por unos segundos, juntando fuerzas para decirle que me llevara a mi casa (me cuesta siempre esta parte, la del rechazo. No es que tenga el sí fácil, sino que tengo el no difícil.) Estaba en eso, cuando me dice que él cuando era inmaduro hacía esto de hacerse el callado.

¿Cómo, me estás llamando inmadura?

"No, lo que quise decir es…".

No, no, vos decís que cuando "eras inmaduro" te hacías el callado, y yo ahora según vos, me estoy haciendo la callada, ergo: soy inmadura. Es lógica básica.

"Bueno, no te lo tomes así… Sabés, esto es algo que me gusta de vos, sos inteligente".

¡Les juro que me dijo eso, yo estaba que volaba!

¿Con qué clase de mujer estás acostumbrado a salir? Le respondí y luego, le pedí que me llevara a mi casa.

Él trató de convencerme, de medio disculparse, tenía porro en su casa, podíamos fumar. Y eso me enfureció más. Le había dicho durante la cena que no fumaba, que no me gustaba fumar nada. ¿Qué estuvo escuchando? ¿Me registró siquiera?

Ya camino a mi casa, todo empeoró, porque como no le gustó mucho mi decisión, se enfurruñó y se puso a despotricar contra los chinos del barrio chino que le arruinaban la zona de su bello *loft*, de los pibes jóvenes que le competían a su empresa *cool*, de los mosquitos, de la política... Yo solo quería que todo terminara lo más rápido posible. Me imaginé cómo sería que este caballero te hiciera el amor. Un hombre centrado en sí mismo, que no te registra, que es tacaño. Un conejito enajenado, eso me imaginé. Sacudí la cabeza, por suerte ya estaba en la puerta de mi edificio.

Por eso, amigos, la edad no significa nada. Podés tener 50 años, lo que implica como mínimo tres décadas y media de aprendizaje en lo referido a romances, amoríos, amores, parejas, sexo, etcétera, y no haber aprendido un *cazzo*.

¿Será entonces que tendré que derribar mis prejuicios contra los hombres más jóvenes y aceptar alguna cita?

18

El episodio del hindú

Unos días atrás me encontré a un amigo con quien había escrito hace tiempo una tira para televisión. Me dijo: "Bianco, no sabés cómo me acordé de vos. Fui a hacerme un masaje y no pude sacarme de la cabeza lo del hindú".

Me reí. Se me había borrado completamente de la memoria el episodio del hindú.

Yo andaba con la espalda hecha un moño gracias a muchas horas de computadora y cero diversión (básicamente era una de esas épocas en las que una cree que se va a transformar en Jack Nicholson y correr con un bate al primero que se le cruce). Había probado mil y una técnicas y nada me aliviaba el dolor lumbar que me tiraba cada dos por tres en la cama y con corsé ortopédico. Una amiga entonces me recomendó a un hindú que se especializaba en masaje ayurvédico. Me dijo: es un genio. Así que ante la perspectiva de una solución tan fantástica, me mandé. Mi amiga me había advertido: mirá que el hindú es medio personaje, usa turbante y encima el lugar, bueno, no es muy lindo. Cuando llegué, todas esas predicciones se confirmaron. El "consultorio" quedaba en un edificio del microcentro, viejo y desvencijado. Lo encontré esperándome parado detrás de una puerta con paneles de vidrio, asomando su cabeza detrás de una cortina blanca. Y en efecto, usaba turbante. Barba y bigote espeso. Me abrió la puerta y lo primero que sentí fue un olor penetrante a sahumerio y aceites. El hindú, llamado Singh, me hizo pasar. Medía unos diez centímetros menos que yo, con lo cual, era bastante petizo. Con un acento a lo Peter Sellers en *La fiesta inolvidable* me retó porque había llegado tarde; acto seguido, me pidió que me quedara en ropa interior señalando una especie de cambiador. Siempre es un momento incómodo el de exponer el cuerpo delante de extraños, pero me di valor: es un experto, debe estar acostumbrado. Una vez que quedé casi como Dios me trajo al mundo, me hizo pasar a otro cuarto. Yo esperaba encontrar una camilla de masajes, pero no. La cosa ayurvédica parecía no ser así. Me acosté en una especie de colchón en el piso, todo cubierto de sábanas blancas y toallas. Había velas y más olor a aceite. Miré un poco para los costados, conté como mínimo cinco frascos de vidrio con líquidos ambarinos. Él se arrodilló junto a mí y me untó de pies a cabeza con aceite, y así empezó a masajear mi maltrecho cuerpito. Con muy buenas manos, firme, seguro, sin causar dolor. Comenzó por la cabeza, siguió por el cuello. Brazos. Manos. Zona del vientre. Y de golpe, se puso a masajear la ingle. Es decir ese pliegue que está entre el final del muslo y el comienzo del pubis. Me pareció rarísimo. Y lo peor es que lo hacía con una vehemencia, alternando de un lado al otro, cada vez más fuerte, masajeando en círculos. Aunque fingía tener los ojos cerrados, lo espiaba, porque jamás me habían masajeado así. Casi frotando. Y eso que había probado con *shiatsu*, osteopatía, RPG y muchas técnicas más. Me asombró la velocidad de sus manos, que parecían dos minipimer, y también que tenía muchas pulseras. Estaba mirándole las pulseras cuando súbitamente, algo se me movió. Ahora, escribiendo esto, me viene a la cabeza la escena de Seinfeld, cuando George Costanza grita: *"It moved!"*. Bueno, amigos: *it moved... it began to move...*

Escribir los pensamientos que me pasaron por la cabeza en esos instantes lleva mucho más tiempo del que en realidad ocuparon. Primero me dije: No, no me está pasando, no puede ser. Después: ¿Esto es el famoso masaje ayurvédico? Y luego: ¿Le digo que pare? ¿Lo está haciendo a propósito? ¿Por qué mi amiga no me advirtió sobre "esto" y sí sobre el turbante? ¿Se lo hará a todas? ¿Y a los tipos? ¿Será por las pulseras? Pero ante la inminencia de la resolución del conflicto, traté de combatirlo. Me dije: Si lo hace a propósito, no me va a ganar, porque yo soy de las que cree que siempre hay que, como mínimo, avisar. Y si esto sucede de pura casualidad, no quiero quedar como un hornito con patas. Empecé a contar para atrás de cien a cero. Y como eso no daba resultado, traté de recordar nombres, cosas al azar, cosas feas. Pero nada, el hindú seguía como endemoniado haciendo sus círculos en mi ingle. Y lo que para mí era más increíble: me estaba ganando sin rozar siquiera el punto en cuestión. Súbitamente, una idea me golpeó: ¡Este tipo lo logra así y hay otros que ni con un GPS!

Bueno, la cosa es que me ganó. Eso sí, yo muda. Pero de alguna manera se dio cuenta, porque inmediatamente siguió bajando por las piernas sin decir ni mu. Rodillas. Tobillos. Pies. Me pidió que me diera la vuelta y me masajeó la zona lumbar y luego para arriba, alrededor de los omóplatos, cuello, hasta la cabeza otra vez. Terminé, me dijo. Me vestí sintiendo que se me pegaba la ropa al cuerpo, por estar embadurnada en aceite. Le pagué y me fui con algo de vergüenza y llena de dudas. Le hubiera querido preguntar para qué me había masajeado así. Si era parte del "tratamiento". La liberación postclímax es muy saludable, ¿pero no debería avisar antes? Llamé a mi amiga, enojada: ¿Por qué no me dijiste? "Ay, ¿a vos también te pasó?", me respondió.

¿Cómo se puede razonar con personas así? Pero esto da para otra historia. Esta, la que cuento hoy termina así. De manera abierta. Nunca me enteré de por qué había incluido un orgasmo en su sesión de masaje. La espalda no me mejoró. Cuando le conté este episodio a mi amigo, se quedó perplejo. Me dijo: "Bianco, me estás jodiendo, ¿no? ¿Solo con circulitos? ¿Sin tocarte ahí ahí?". Exacto. Creo que él lo intentó con alguna chica, pero sin los resultados esperados. Por mi parte, opté por no contar más esta historia, al menos a los tipos, porque me pareció que se acomplejaban un poco. Para Singh fue bastante fácil, es más, lo usaba eficazmente como parte del tratamiento. Mientras que para otros es todo un misterio, algo semejante a la búsqueda del tesoro, necesitan mapas, cuadros sinópticos, Power-Points y horas, horas, horas de práctica. Quién sabe, tal vez por eso preferí borrar de mi memoria el episodio del hindú. Él lo logró tan fácilmente y jugando conmigo en contra, contando de cien a cero...

19

El ruso de las mariposas

La milonga es un lugar curioso. Se conoce gente de miles de lugares diferentes, con profesiones rarísimas. Por ejemplo a un ruso que vive en Miami y dirige un museo de mariposas, el museo más grande del mundo. *I'm a leptidopterous*, o algo así me dijo entre tango y tango. Tenía unos ojazos turquesa bellísimos y un aire a Barishnikov que te cortaba el aliento, eso sí, como bailarín de tango, era un gran *leptidopterous*, porque bailaba corriendo como loco por la pista, girando sin eje ni ritmo. Se sentó a mi mesa, hablamos, nos reímos, en resumidas cuentas, me pareció simpático y lindo, y antes de irme, me pidió el teléfono. Llamó al otro día para ir a tomar un café. Iba a estar pocos días en Buenos Aires, antes de partir para Iguazú. Había venido a Argentina para buscar especímenes de mariposas. Luego me enteré qué significaba eso: las clavaba a una pared en su museo...

Pero, para el momento en que me invitó a salir, no lo sabía, así que accedí. Tomamos café y luego caminamos mucho. Llegamos al lago golf, nos sentamos, admiramos los patos, los gansos salvajes, los árboles, y me habló en ruso. Parecía un buen tipo, sensible, con sentido común. Me preguntó con mucho interés por mi vida, qué hacía, cómo era mi familia. Quedamos para vernos al otro día. Cuando nos encontramos, me dijo que quería hacer lo mismo que el día anterior: café en el mismo lugar y, luego, caminar hasta el lago. Sus palabras: "La pasé tan bien ayer, que quiero hacer todo igual, como una especie de conjuro", aunque raras, fueron una especie de halago. Seguimos hablando de nuestras vidas. Él sobre su infancia en Rusia, de cómo descubrió su amor por las mariposas, de que tenía tres hijas, etcétera. Al caer la tarde, nos fuimos a bailar tango a la Glorieta de las Barrancas de Belgrano. Y nos despedimos. Al otro día nos encontramos nuevamente en otra milonga. Me encantaban sus ojos, me miraba como si me quisiera hipnotizar, me decía piropos, pero sin plantarme un solo beso. Bailamos toda la noche y digamos que yo ya me estaba impacientando. Tres días de miradas penetrantes, charlas sensibles, abrazos y halagos, pero no avanzaba ni un dedo. Hasta que me harté, lo miré fijo, mientras esperábamos el próximo tango. ¿Qué hacés?, le dije en inglés. Algo así como ¿por qué no me besás? Pero no para que lo hiciera, sino porque no entendía la demora. Y él, sin palabras, volvió a mirarme.

¿Qué? No entiendo....

Y me sonrió, con esos ojos de tristeza eslava, a lo Barishnikov. Me paralicé.

¿Estás... de novio?

Negó.

¿Casado?

Asintió.

¿Qué? Pero...

Comenzó a sonar el nuevo tango, él amagó para abrazarme, pero lo frené y me fui de la pista. Me siguió y lo encaré.

¿Cómo no me vas a decir que estás casado? ¿Qué esperabas? Hace tres días que nos vemos, que nos dijimos de todo, y a vos justo se te olvida mencionar el detallito...

Él me miró y con una mueca me dijo: "Es que vos no me preguntaste y el tema no salió".

¡¿El "tema" no salió?!

A estas alturas, me había olvidado de la gente de la milonga. No me importaba. Me sentía tan estafada que un poco de más humillación...

¿No salió? ¿Cómo no salió? Te conté que estaba soltera. Vos me contaste de tus hijas. Si no mencionaste que estabas casado, di por sentado que era porque estabas, no sé, separado.

Negó. Y siguió opinando que él no había estado equivocado. Me dijo que su esposa era como una amiga ya, se había casado hacía mucho con la hermana de su mejor amigo. Que seguía con ella por sus hijas.

Nada mejoraba la situación. La empeoraba.

Además, me dijo que él no había hecho nada. No me había "avanzado".

¿Pero... qué estuviste haciendo todos estos días? *You led me on*, me acuerdo que le dije. *You led me on.* (Me hiciste creer...)

Sí, alguien puede objetar: ¿por qué no preguntás si está en pareja, casado, de novio? Pero es algo que no hago. Y eso que me considero una mujer bastante racional, analítica y desconfiada, pero a la hora de las citas, doy por sentado que si un tipo te invita a salir, te tira los perros, es porque está disponible. Sé que a mi edad esto es una ingenuidad rayando en la pavada, pero yo soy así. Me manejo así en mi vida. Una amiga siempre me dice que soy demasiado legalista. Sí. Lo soy. Me gusta hacer lo correcto. Y espero lo mismo del otro lado... Y por eso me doy la cabeza cada dos por tres. En este caso, Misha el ruso de las mariposas.

Pero, como dice el dicho, de todo se aprende. Y de ahora en más, cada vez que me inviten, voy a preguntar. El tema es cuándo. ¿Cuál es el *timing* para esto? ¿Hay un protocolo? Aunque, claro, nada te asegura que la respuesta sea la verdad.

¿Está muy difícil confiar, o es una impresión solo mía?

¿No debería ser todo más hablado, más compartido, directo? Algo así como: "Mirá, me gustás mucho, pero estoy en pareja. Si querés, me encantaría salir con vos y pasarla bien juntos, aunque no te puedo prometer nada, porque ni estoy libre ni pienso estarlo".

Mmmm. ¿Qué les parece?

20

Una tarde en la morgue

Los otros días, camino a San Telmo en el 29, pasé por la Morgue Judicial y me recordé a mí misma esperando en la esquina de Viamonte y Junín. En esa época yo, además de soñar con ser escritora, tenía la difícil ilusión de convertirme en bailarina de tango, me corrijo, en una famosa bailarina de tango, y recorrer el mundo con mi compañero y pareja; seríamos felices y comeríamos perdices. Así que cuando en una milonga conocí a Mariano pensé que por fin las estrellas se habían alineado a mi favor. Era muy bueno bailando, tenía sentido del humor, unos ojazos azules hermosos y tiernos, y según sus palabras, le encantaba bailar conmigo. ¿Qué más? Me propuso juntarnos a practicar para ver si nos entendíamos. Hay que decir la verdad: una cosa es un tango de 3 minutos con un tipo que te levanta la temperatura con solo mirarte y ponerte un dedo encima, y otra cosa muy distinta es pasar unas cuantas horas meta pisotón, sudor, mal abrazo y la falta de oído musical propias de un ensayo. Podés querer asesinar al mismísimo George Clooney.

Cuando me propuso encontrarnos en Viamonte y Junín, me extrañé un poco, sabía que era la esquina de la morgue. Pero bueno, es tan enorme que así no hay manera de perderse, pensé. Y ahí estaba yo, pantaloncitos ajustados de ensayo, musculosa escotada y mis zapatos de tango rojos en la mochila, cuando lo veo salir de la puerta de la morgue. Me quedé helada. Me dio un beso en la mejilla y me dijo: "Estás re linda, vení, vamos". Y empezó a caminar. ¿A dónde? le dije asustada. Mientras encaraba para la puerta del edificio, me contestó: "Yo trabajo acá. Termino el turno en un ratito. ¿Me bancás?".

¿Qué le iba a decir? ¿No? Además, era solo esperar un ratito. El lugar podría haber sido mejor, pero perfecto no existe. De a poco, el motorcito que hay en mi cabeza comenzó a funcionar otra vez... ¿Haciendo qué en la morgue trabaja este tipo? ¿No es algo que hay que mencionar antes de la primera cita? Claro que "esta" no era una cita. Era un encuentro para ensayar, practicar... ¿Será el que los opera? ¿El que los abre como...? Una vez adentro, me sorprendió la falta de olor. Era un edificio muy municipal y ascético. Nada que ver con CSI, pensé. Y caí: a lo mejor me puede contar historias para futuros cuentos, incluso para una película... Le dije: Seguro que tenés un montón de historias para contarme. Pero él negó, esta es la morgue de los accidentados. No de los asesinados. Ah... Ok.

Me llevó a la que era su oficina, o más bien, una oficina general donde atendía al público. Y por público quiero decir personas que iban a reclamar el cuerpo de un ser querido muerto en un accidente. Me dijo: "Sentate ahí que ya termino". Me senté en una silla vieja de madera y desde mi rincón lo vi acercarse a una especie de ventana-mostrador y hablar con mucha compasión con una mujer. Le decía: "Enseguida le averiguo, no se preocupe". Tomó un teléfono de esos negros, antiguos, y dijo: "¿Che, ya lo tenés listo?". ¡Le faltó agregar "al fiambre"!

Se me heló la sangre. Era como si de golpe la luz hubiera cambiado en la oficina y en vez de a Mariano, el tipo copado y de ojos divinos de la milonga, tuviera a mi lado a Narciso Ibáñez Menta. Creo que se me adivinó en la cara, porque me puso una mano en el hombro y me guiñó el ojo.

Tal vez sea necesaria esa pátina de ironía, pensé. Uno no puede vivir rodeado de muerte y seguir como tan campante. Hay que hacerse una coraza. Eso es, la coraza de la profesión. (En retrospectiva, vale mencionar que las mujeres, para ponerle onda a un hombre, justificamos cualquier cosa).

Mariano se acercó a la ventana y despachó a la mujer otra vez con cara de compasión. Yo ya quería irme, como se imaginarán. Y fue exactamente lo que dijo: "¿Vamos?".

Sonreí un poco aliviada, pero en vez de encarar para la puerta del edificio, enfiló para una gran escalinata de mármol. ¿A... a dónde vamos? "A practicar, acá hay un salón buenísmo, tiene un piso perfecto para bailar, y encima es enorme".

¿Qué iba a hacer? ¿Salir corriendo? Ante todo la compostura. Cuando llegamos al salón, no era un salón. O sí. Era un espacio enorme y circular, de ventanales hasta el piso sellados por persianas, rodeado en su perímetro por columnas, dóricas, jónicas, qué importa, y sobre el piso de mármol, como marcando el borde de la "pista de baile", pilas y pilas de expedientes viejos, y cuando digo viejos, digo enmohecidos, llenos de polvo, renegridos por el tiempo. Son casos antiguos me dijo. Ahí había un olor espantoso, y comencé a estornudar. Pero él siguió como si nada. Sacó de adentro de un mueble antiguo de madera un pequeño equipo de música portátil. Yo seguí estornudado. "¿Le tenés alergia al polvo?". No, a la morgue, la puta madre, quise gritarle... Pero le sonreí y asentí. Sabés, creo... que no voy a poder bailar acá, la alergia... Él puso otra cara de compasión, distinta a la que usaba en la oficina, esta era la número 4 seguramente. "Bueno, si querés lo dejamos para otro día".

Sí, mejor, le dije. Cuando bajábamos por la escalinata, se le ocurrió: "Ya que estás acá y me preguntaste por historias, no querés visitar el museo". ¿El qué? "El museo de la morgue, está el petiso orejudo. Esa sí que es una película. ¿Qué te pasa, estás blanca?".

21

Amor a la mexicana
o lo que no fue

Ordenando CD´s (sí, todavía tengo y todavía compro) encontré el que él me había dedicado. "Esta canción, me dijo, cada vez que la escucho, me recuerda a ti. 'Deja que llueva...'".

Por puro masoquista, puse el disco y... bueno, amigos, lloré. Después de todo, nadie está hecho de hierro forjado.

Nos pueden calentar, gustar, fascinar muchas, muchas personas, podemos enamorarnos de unos cuantos, pero amar, creo que se ama a unos pocos en la vida. La lista del amor en serio es corta. Al menos en mi caso es así. Digamos que amantes he tenido como para tirar al techo y repartir a quien le falte (la cantidad exacta jamás será revelada aquí, no solo por pudor, sino porque francamente perdí la cuenta). Pero amor solo lo sentí pocas veces.

En este caso en particular, el del CD, ni siquiera llegamos a ser pareja-pareja. Lo que nos unía era un "vínculo" (qué palabra espantosa) que trascendió años y distancias. Cada vez que nos rencontrábamos, ese "lazo" (no es mejor que vínculo) estaba intacto. Como quien cierra una puerta, se olvida de lo que hay guardado, y al abrirla, todo lo que estaba dentro de ese cuarto permaneciese igual, con la misma presencia y fuerza.

Uno se puede preguntar: Si esto era así, ¿qué pasó? ¿Qué no funcionó? Y no fue la distancia sino la cobardía la que se impuso. Él era un alumno mío de tango, de cuando yo vivía en DF, mi segundo hogar, y repartía mi tiempo entre el baile y la escritura. Yo tengo una regla de oro con los alumnos hombres: no son hombres, son roles masculinos a los que les enseño a moverse. Pero con él fue diferente desde que entró a mi clase con su traje gris de banquero, oliendo a perfume y un humor que me partió en dos. Pero debo aclarar que solo me permití "tener onda" después que decidí regresar a vivir a Buenos Aires... Tal vez así, con el pasaje en la mano, me animé a aceptar lo que me pasaba. Él se sintió herido, yo evidentemente había minimizado la situación entre nosotros. Me llamaba su "querida *teacher*[1]" y me decía que le había cambiado la vida con el tango. Las razones por las que me volví... En fin, yo estaba loca

---

1 Maestro /a.

de atar en esa época, sin saber cuál era mi lugar en el mundo, siquiera si me lo merecía.

Seguimos mandándonos mails, pero ya como "amigos". (De la posibilidad de la amistad entre el hombre y la mujer, escribiré en otro momento...) Dos años después, reapareció en Buenos Aires. Según él, venía de vacaciones. Y así lo tomé. Las cosas no fluyeron mucho y ahí quedó la cosa. Estaba como inquieto, molesto... Años después me dijo que había vuelvo por mí. Años después me lo dijo.

Mi trabajo me hizo regresar a México, y volvimos a vernos. Y al hacerlo, sentía con él como si el tiempo no hubiera pasado, como si lo hubiera visto ayer, o la semana pasada. Él tenía la maldita y desconcertante habilidad de entender lo que me pasaba, como si yo fuera trasparente. Me calmaba y producía un efecto como de ablande... ¿cómo se puede explicar en palabras eso? Imaginen y punto. Pero claro que cada uno había seguido con su vida, él tenía pareja, o estaba saliendo con alguien. Yo no tanto, como se puede deducir por mi blog. Aun así, estando él en pareja, me histeriqueaba, o simplemente fallaba a decirme a tiempo que estaba con otra persona. Fue en una de esas visitas que me regaló el CD, y recién ahí entendí que lo que sentía él por mí había sido de verdad, y en espejo, me tuve que hacer cargo de que lo mismo valía para mí. Pero no me había animado a afrontarlo. Después de la última vez que lo vi, quedé tan mal por lo que pudo ser, que decidí no hablarle más. Cortar por lo sano. Al cabo de unos meses, me escribió un mail, sin comprender mi silencio. Le dije: Me hace mal nuestra relación (o lo que sea que tenemos). Porque ninguno de los dos se hizo ni se hace cargo, y actuamos como histéricos, chocando el uno contra el otro, y no quiero más esto. Pero se puso en víctima, según él había luchado por mí, cansado como un salmón nadando contra corriente por mí...

Esas fueron solo palabras para mí. Nunca se me paró delante y me dijo: "Te quiero, probemos esto acá, allá, en Alaska o donde sea, pero hagamos algo". Y a la hora de la verdad, poco vale pedirle a él lo que yo tampoco hice: jamás me le planté delante y le dije te quiero.

A su mail del salmón, le respondí: Fuimos dos cobardes, los dos. Pero, nuevamente, no aceptó mi "lectura" de los hechos, y decidió culparme por lo que no fue.

Este año, cuando volví a México en mayo, le escribí diciéndole que no quería verlo. Me dijo que respetaba mi decisión, si a mí me hacía mal... Está en pareja, y tiene una casa con perros. Y yo escucho ahora el CD y pienso si no hubiéramos sido tan orgullosos y cobardes, y hubiéramos dicho a calzón quitado (en más de un sentido) lo que realmente nos pasaba.

¿Qué se pierde con decirle al otro lo que sentís? Sobre todo cuando el otro es alguien importante para vos. Es tan esquivo el amor, es tan difícil conectar de verdad, que cuando uno pesca que puede ser posible, hay que hacer algo. Al menos es lo que creo ahora.

En unos meses voy a regresar a México...

22

¡Se tensionó la cama!
Una historia breve, muy breve

Se pueden imaginar, amigos, mi cara cuando el caballero de turno se puso a gritar semejante frasecita. El tipo parecía copado, lo había conocido en un asado y salido un par de veces. Digo, no era para alquilar balcones, pero tenía buena charla, estaba escribiendo una novela. Entraba dentro de la categoría: posible candidato. Lo único que me hacía un poco de ruido era que la jugaba de *cool*-moderno y usaba la palabra bizarro cada dos por tres. Pero bueno, perfecto no existe, y si existiera, seguro que yo le encontraría alguna falla...

Pero, volviendo al exabrupto, no voy a hacer larga la historia, porque claramente no lo fue, digamos que después de un par de citas, llegamos a "intimar".

Y como el chico *cool* se encontraba un poco "perdido" en el asunto, se me ocurrió ayudarlo con indicaciones del tipo: un poco más así, un poco más allá... Claro que para cualquiera que me conoce, tal vez pueda conjeturar que lo hice con tono imperativo, o directamente imperial, pero no fue así, generalmente soy bastante amable. Pero al caballero parece que le afecté el ego más que otra cosa... y empezó a gritar: "¡Se tensionó la cama, se tensionó la cama!", al tiempo que se alejaba como si yo fuera radioactiva.

Toda su pose de moderno y liberado se fue por la ventana. No entendí qué le pasó. Le pregunté pero me respondió con evasivas. Di por terminado el asunto, pero me quedé rara, confundida. ¿Cómo hacen para conocerse dos desconocidos? ¿Por qué le molestó tanto mi intención de ayudarlo para que yo también la pasara bien? Digo, los hombres no nacen sabiendo todo lo que hay que saber acerca del sexo, y las mujeres somos todas diferentes en ese aspecto. Ergo...

Claro que he tenido la suerte de compartir momentos con algunos hombres muy generosos y relajados a la hora de las sábanas, pero de este lo que me desconcertó fue cómo se le cayó la máscara de superado en cinco segundos, como si hubiera sido succionado por la máquina del tiempo marca ACME y llevado a la época de las cavernas.

Leí por ahí que las parejas son de hecho quienes tienen mejor sexo (no hablo de cantidad, sino de calidad), en comparación con los solteros... Y tal vez haya algo de verdad en eso. Cuanto más conocés al otro, todo mejora. Las primeras veces siempre tienen algo de incómodas, de tener que ir cerrando la distancia que separa a dos extraños que se acercan... ¡pero tampoco como para ponerse a gritar!

23

Pepe Le Pew

En estas fiestas el único mensaje de parte de un hombre que no fuera un amigo fue el de un francés llamado Denis. Apenas recibí el mensaje no caí en la cuenta de que se trataba de él. Es que, básicamente, no podía ser de él. ¿Cuántas neuronas le faltan como para poder hacer dos más dos? Y eso que el caballero en cuestión trabaja despachando toneladas de granos desde una ciudad francesa cuyo nombre olvidé. Solo recuerdo que es donde nació Camille Claudel y donde también hay una central atómica a lo Springfield de Los Simpson. ¿Y cómo lo sé? Porque lo googleé. Quise ver cómo sería vivir allí. Al francés lo conocí a través de mi cuñado, me había pedido que acompañara a un cliente, su amigo y el primo a una milonga. Me fui vestida a prueba de fracasos y dio sus resultados. Al otro día, mi cuñado me preguntaba si le podía dar mi teléfono a Denis. El francés era atractivo a lo Depardieu, medio bestia y grandote, pero con un *je ne se quoi*... El famoso feo-sexy. Así que le dije que sí, no sin algunas reticencias. En el pasado salí con bastantes extranjeros, y digamos que ya comprobé que la distancia es un problema... Pero después de todo, escribo un blog llamado solteraserial, así que me jugué. Quién sabe, me dije, a lo mejor me podría pasar como a una amiga que se enamoró de un suizo y ahora viven cerca de Ginebra y son felices comiendo perdices.

Algo debería haber intuido cuando me empezó a mandar mensajes al celular desde muy temprano. Pero tal vez las ganas de que te pase algo interesante esté proporcionalmente relacionada con cómo te funcionan los radares, y lo que en otro momento me tendría que haber sonado como una alarma antibomba, lo tomé como un gesto encantador.

La cosa es que salimos un lunes a tomar un café que terminó en cena en El preferido. Hablamos en inglés y la pasé bien, aunque algo de la atracción que había sentido en la milonga ya no estaba. Se iba el sábado y quedamos en vernos a tomar algo otra vez. Para cuando llegué a mi casa fue que busqué la ubicación de la ciudad. Algo que da la edad es que uno ya no gasta energía en fantasear posibilidades improbables. Así que me fui a dormir con la satisfacción de seguir abierta a conocer candidatos, pero aprendiendo a discernir la paja del trigo.

Para las ocho de la mañana tenía dos mensajes, que al correr de la mañana se hicieron cinco. Se iba a Uruguay con su primo, que a todo esto vale aclarar que no hablaba una palabra de otro idioma que no fuera el propio, manejaba una granja y era la primera vez que salía de su país. Cuando volviera de Uruguay quería verme. Le dije que sí, y continué trabajando sin darle más vueltas al asunto. O al menos traté, me siguió mandando más y más mensajes: se atrasó el vuelo por un paro, se levantó el paro, etcétera. El viernes por la tarde ya había regresado y me invitó a salir por la noche. Yo le metí cualquier excusa, que estaba cansada, que llovía, pero fue tan insistente que no me pude negar. Ya lo he dicho y lo repito: tengo el "no" difícil.

Garuaba y hacía frío. Estaba cenando con su primo en un local en la esquina de Honduras y Serrano. Desde el exterior miré hacia dentro y lo vi. Estaba rojo, arrebatado, y con los ojos medio raros. En cuanto me vio, sonrió y pude ver que tenía algo en un diente. Al entrar, me di cuenta de que era perejil. Y por la manera de actuar y hablar, intuí que había tomado mucho. El primo, medio con señas, me dijo que se habían tomado cuatro botellas de vino. Denis lo corrigió: habían sido solo tres y media... Ahora cenaban con dos botellas de cerveza. Me quedé dura. Hice el chiste de que estaba borracho y fingió un ofendido. Todo el encanto se había esfumado de un plumazo. Del *je ne se quoi* a lo que tenía sentado enfrente, un océano de distancia. Por eso siempre hay que darse tiempo a conocer al otro, a que desenvuelva sus encantos y sus espantos. Y esto vale para mí también, todos tenemos estas luces y sombras que mejor ver antes de jurarse amor eterno.

Denis me ofreció cerveza y acepté. Pero cada dos por tres me ofrecía un fernet. Parecía la comedia de los locos: Gracias, pero estoy tomando cerveza. "¿Pero no querés un fernet?". No, estoy tomando cerveza. "¿Pero no querés un fernet? Mirá que en Buenos Aires hacen el mejor fernet". Mi respuesta: Hay fernet y cocacola en Francia, no puede ser tan diferente. "¿Pero no querés un fernet?...". El primo miraba sin entender nada, hasta que de repente, se puso a mostrarme las fotos que había sacado en Uruguay. Claro que con señas porque, como dije, el tipo no hablaba una palabra de nada. Unas fotos geniales de tractores y camiones. A mí las máquinas me encantan. De repente, esta especie de granjero mudo y con pinta de puritano me parecía Dios al lado de Denis el bretón víctima del pecado de la intemperancia. La cosa no daba para más, yo miraba mi reloj pensando cuánto tiempo tiene que transcurrir para que una se pueda ir sin quedar como que huye. Entonces, Obelix empezó a insistir con que quería ir a una peña que quedaba cerca, a la que había ido el año pasado cuando estuvo en Buenos Aires. El primo se mandó a mudar en un taxi. Yo me quería ir y se lo dije, pero Denis insistió, no sé, pensé en mi cuñado, su cliente, ya no garuaba, y terminé aceptando. Nos tomamos un taxi y fuimos a la dirección que él tenía impresa en una hoja. Uriarte 2632. Cuando el taxi paró, había una obra en construcción. El francés no entendía qué pasaba, desde la bruma alcohólica en la que se encontraba. Nos bajamos del taxi y fuimos hasta la obra. El tipo decía: "No, acá hay una puerta. Una puerta de madera". Lo decía en inglés y en presente a lo mantra: *it´s a door, it´s a door.* Yo le dije: Ok, pero ahora es una obra en construcción, si hubo una peña, no está más o se mudó. Nos vamos. Pero Pepe Le Pew seguía diciendo *it´s a door.* Empezó a caminar buscando la puerta. Se quería meter dentro de un hotel, un restaurante peruano, un quiosco, a preguntar por su bendita puerta. Había vuelto a garuar, la cosa era insostenible. Yo sé pocas palabras en francés, pero las usé bien. Le grité: *Arrete! Silence!* Depardieu se paralizó, enorme, mirándome desde arriba como quien va a aplastar a una hormiga. *Enough with the door!* le dije. De pronto se le fue la especie de sonrisa que gobernaba su rostro. No entendía por qué me había puesto tan seria de golpe, todo porque él tenía mal la dirección... Seguía insistiendo con la pu... peña. ¿No entendés que no existe más tu peña? No es que no tengas bien la dirección, es que no existe más. Y no me enojo, solo que no me parece normal que un tipo de tu edad responda así ante la realidad. La realidad es que no existe más la puerta.

Pero no la quería entender. O estaba tan borracho... Le exigí que me dijera cuándo había visitado la peña. Diciembre, me dijo. Casi un año antes. Mirá, en Palermo los locales abren y cierran porque sí, no duran mucho, así que no existe más. Me respondió: "Ok, ok, ¿vamos a otro lado?". Yo me lo quedé mirando... ¿Qué? Yo me voy a mi casa. Paré un taxi y subí, y él se subió atrás. Me iba a acompañar a mi casa. Pero no me miraba a mí, miraba el papel impreso y por la ventanilla, repitiendo *the door, the door...* Ya la situación más que furia asesina me empezó a dar lástima. Para adentro me decía: si escribo esto ni en pedo me lo creen. La cosa es que en un rapto de bondad pelotuda le pregunté al chofer si conocía esa peña, me dijo que no, pero por la radio le preguntó a la chica de la central de taxis. La voz de la operadora confirmó que la dirección era correcta. Ergo: no existía más. Se lo hice saber a Denis, él solo asintió y miró el papel aun confundido. De camino a mi casa, me hizo el juego del silencio, pero a mi edad, esas cosas ya no me las banco. Le pregunté cuándo se iba, etcétera, etcétera. Respondió con monosílabos. Me di por vencida y miré llover por mi ventanilla. Casi en la puerta de mi edificio, y antes de bajarme, le dije tratando de dejar las cosas en paz: *Je suis désolé. I´m tired, you are tired...* Él me miró extrañadísimo, casi como si yo fuera de Marte, y me dijo: *"Do you think I did something wrong?".* Les juro que no lo podía creer. Me bajé del auto deseándole un feliz viaje de regreso. Al otro día me agradeció por mensaje de texto una recomendación de CD´s de tango que le había hecho. Nuevamente: feliz viaje. Y ahora, hace unos días, me manda un mensaje preguntándome cómo había pasado las fiestas... No asocié que se trataba de él. Le dije: ¿Qué Denis? No te conozco. Hasta que caí. Me responde: "¿Cómo estás?".

Le respondí con el *silence...*

En fin, ¿qué conclusión se puede sacar de todo esto? Que espero que el nuevo año me traiga mejores materiales para escribir mejores historias. ¡Y por mejores quiero decir mejores!

24

¿Vamos a un telo?

"¿Vamos a un telo?", me preguntó, y me quedé muda, mirándolo incrédula. La vocecita en el fondo de mi cabeza repitiendo como siempre, y cada vez más cansada: esto no te está pasando, esto no está pasando.

Pero sí, sucedió. Ayer me enteré, a través de mi amiga que me lo presentó, que el caballero en cuestión se quiere matar. ¿Qué responderle?

Él estaba recién divorciado y le pidió a mi amiga que le presentara a alguien. Como que le habían agarrado las ganas de recuperar el tiempo perdido, de inmediato. Mi amiga se acordó de mí y le pasó mi mail. Tuvimos un ida y vuelta de correos interesante y divertido, me invitó un café y acepté.

Con tirabuzón le tuve que sacar información valiosísima a mi amiga: que aunque recién divorciado, seguía conviviendo con su ex en un gran caserón. Yo ahí ya quise cancelar todo, pero me dio cosa y salí. La charla fue buena, un tipo retrabajador, inteligente, daba clases en la universidad, editaba libros, se lo notaba buen padre, etcétera, pero a mí no se me iba de la cabeza el detallito de la convivencia. No sé, algo con aroma a negación. Y ya durante la cena, saqué el tema. Él sin mirarme casi, me contó que habían dividido la casa en dos y solo compartían el desayuno y las comidas, mientras trataban de vender la propiedad. Pero bueno, cuando la bola vino para mi lado y me preguntó por mi estado civil, qué le iba a decir: *the girl has issues?* Soltera hace años, vivo sola, tengo una gata, jamás conviví, etcétera... Bueno, sí, se lo dije. Pero también agregué: un rasgo de salud mental es no haberme casado con ninguno de mis ex novios... Y lo creo. Pero por qué sigo rebotando a ciegas por el mundo de la soltería, dándome cada dos por tres contra la misma pared, eso ni lo mencioné. Eso es tema para terapia, o para electroshock. Resumiendo: quién era yo para poner en tela de juicio su arreglo postdivorcio.

Me invitó a salir un par de veces más, sentí que había onda, pero con reparos, porque aunque no podía especificarlo, algo no me terminaba de convencer: tal vez sus convicciones políticas, su arreglo postdivorcio y cómo manejaba la situación con sus hijos. Sin embargo, había coincidencias en otros aspectos. Y humor. Importantísimo. Y como creo que nada es matemático, quise darme más chances de conocerlo más. No ayudó que en la intimidad la cosa no fluyera mucho. Estaba con dudas, tenía buena charla, me parecía interesante, pero algo andaba como forzado. Así que luego de darle varias vueltas al asunto, y como no me gusta hacerle perder el tiempo a nadie, le dije que aunque me parecía un tipazo, no quería seguir "saliendo". Creo que no se lo esperaba y yo acepto que fui confusa. Pero luego me dijo que era un hombre grande ya y que entendía, que estaba todo bien. Solo que luego volvimos a hablar, él quería saber más, por qué, si fue por algo que él hubiera hecho, o que no hubiera hecho. Le dije que no. Que era yo. El famoso: no sos vos, soy yo. Y era verdad. Era yo la que no sentía "eso". Y contra eso no hay con qué darle, por más que el tipo sea muy buen tipo. Luego de un par de charlas más, me dijo: ok, seamos amigos. Eso no existe le dije, parecemos adolescentes. Pero insistió, y como yo tengo en mi haber varios amigos hombres, como el Gran Coppini, o Diego, acepté.

Me invitó a salir un sábado a la noche, pero como yo no podía, quedamos para el domingo. Quería llevarme a restaurantes medio elegantes, y eso un amigo no lo hace, y aunque yo pude haber sido confusa en las primeras salidas, lo que no soy es histérica, así que lo llevé a la Fábrica del taco, y con ánimos de dividir la cuenta. Le encantó el lugar, y entre taco al pastor y guacamole me puso al tanto de su vida: había decidido alquilarse algo mientras se vendía el caserón, arreglar el tema de sus hijos, etcétera. Sentí que me estaba pasando el parte sobre aquellas cosas que a mí me habían hecho ruido. Pero luego, nada más. Ni me dijo qué linda estás, ni intentó tocarme un pelo, ni nada. Y yo ídem. En la forma: amigos. Era tarde y me llevó a casa, y a unas cuadras de llegar me dijo de sopetón: "¿Puedo hacerte una pregunta?". Pensé que venía por el lado de por qué no salir más, intentarlo, etcétera, así que, desprevenida, le contesté que sí, claro. Él hizo una pausa y me dijo: "¿Vamos a un telo?".

Para los que no saben qué significa: un telo es un hotel alojamiento o de paso, a donde las personas van a tener relaciones sexuales.

Yo muda, mirándolo, incomodísima. Me sentí como en una emboscada de la que solo pude escapar mediante una risa nerviosa. Le respondí que primero no me gustaban los telos y que segundo no sentía deseos de tener intimidad con él. El caballero dijo: "Ok, a mí sí me gustan los telos, pero si no querés, todo bien". Manejó las cuadras que quedaban hasta mi casa, y yo con ganas de matarlo, pero en vez de cazarlo del cogote y gritarle: tenés casi 50 años, dos matrimonios, sos un tipo culto, con mundo, con calle, ¿cómo se te ocurre? Además, si querías ver si había onda, ¿qué tal tomarme de la mano, qué tal tratar de besarme, qué tal tantear si había algo de agua en la pileta en vez de tirarte de cabeza y a 200 kilómetros por hora en un clavado fatal? ¿Qué esperabas que te contestara? ¿Que sí?

Pero en vez de hacer eso, me refugié otra vez en el humor como táctica defensiva y le conté de cuando grabábamos un capítulo para *Conflictos en Red*, en Los jardines de Babilonia, en la habitación Arábiga había una carroza con colchón inflable tirada por un caballo negro de tamaño real pero de juguete, claro, medio roto y con ojos raros, y el colchón de agua estaba pinchado... y todo era sórdido y ridículo a la vez.

Unos minutos después de haber entrado a mi casa, me llegó un mensaje de texto suyo: "Perdoname el sincericidio, pero me gustás". Le dije que estaba todo bien, que no se preocupara. Pero al correr de las horas y los días me llené de furia. Lo tomé casi como un insulto. ¿Cómo se le ocurrió? ¿Qué operación mental lo llevó de no plantear nada a proponer un telo? ¿Es algo que yo emano? ¿Tengo un cartel de neón rojo flotándome a 10 centímetros del bocho que dice: soy fácil y me encantan los telos? ¿O fue la pura calentura que lo forzó a ir contra toda lógica y registro del otro, y en vez de tal vez probar con un beso, fue por la cama y el service completo?

Registrar al otro, qué difícil es en estos tiempos modernos.

Besos, Paula, quien se llama a silencio y a guardarse por un rato...

25

Insomnio

Anoche a eso de la una de la mañana algo en mi cabeza hizo "gong" y me desperté. Prendí la luz, mi gata me miró con odio y se fue a buscar un rincón oscuro. Di un par de vueltas en la cama pero rápidamente caí en la cuenta de que no iba a poder dormirme. Uno sabe cuándo el insomnio llega y de qué tipo es: del que te deja idiota pero despierta, del que te deja lúcida y más despierta aún... El que me atacó fue del segundo tipo, que generalmente va acompañado como de una especie de motor mental que no para de hablar y tirar frases y repasar historias y guionar el futuro. Un vaso de leche caliente no iba a funcionar, y el vino se me había acabado. Así que prendí la tele. Hice zapping por canales que a esa hora pasaban infomerciales, documentales sobre universos paralelos, Bonanza, videos divertidos de animales... Mi plan: no fijar la mente en nada. Pero de golpe di con una peli que contaba los años jóvenes de Jane Austen y me enganché. Para cuando terminó, dos horas después, yo estaba moqueando y haciendo hipos... "Permaneció soltera toda su vida" se leía en letras blancas sobre fondo negro, al final. Me levanté y me fui al baño a lavar la cara. Tenía los ojos como dos compotas. Era tarde y no podía llamar a ninguna amiga para hablar. Me puteé: ¡quién te manda a ver esto! Pero el daño ya estaba hecho y yo más despierta que nunca.

Así que tuve que hacer lo que había evitado desde que me enterara, casi una semana atrás, de que el fantasma se había casado. Dos días después de que una amiga me diera la feliz noticia, y porque las cosas suceden así y Dios no existe, estaba esperando para cruzar una calle cuando lo vi venir. Sé que me vio, pero no quise enfrentarlo, qué le iba a decir: ¿felicidades por tu casamiento? Me lancé a cruzar sin esperar que cambiara el semáforo, por poco me pisa un Scania, pero valió la pena: escapé. Solo que no se puede escapar por mucho tiempo de uno mismo. Así que ahí estaba yo, a las tres de la mañana con los ojos rojos y pensando en nuestra historia.

Cuando había empezado mi rollo con él, me había autoconvencido de que era solo algo casual, porque además de ser mi amigo me gustaba, era "para pasar el rato" mientras aparecía otro. Un año después, yo me había reenganchado y él no. Mi historia no era distinta a la de tantas mujeres que jugaban a ser Anaïs Nin con cruza de geisha. Me había convertido en la chica sin rollos y con ropa interior súper *hot*, pero que en el fondo, lentamente y casi sin darse cuenta, había empezado a desear más que solo unas horas robadas.

Pero no se lo dije, nunca le fui clara, nunca lo agarré, lo senté y le canté: fantasma, quiero todo o nada. Y no lo hice porque para mí así eran las reglas del juego. Yo era "la otra", "la amante". ¿Qué iba a reclamar? Para armar una historia como esta se necesitan dos voluntarios que acepten jugar las reglas del juego. El tema es que este juego casi siempre termina mal. El deseo lo desequilibra todo, siempre. El deseo dobla las reglas. Uno se engancha más que el otro, el otro promete lo que no puede cumplir, el otro acepta creer la promesa, espera y se desespera. O como en mi caso, no hubo promesas, pero sí una esperanza inútil, sin sentido, casi ridícula. Cuando me vi a mí misma así, no lo dudé: corté la historia como quien se arranca una curita. Lloré y lloré y lloré y un buen día dejé de llorar.

Ahora, cada vez que escucho a una mujer decir que está con un hombre solo por sexo, me da un poco de risa. Cosas como: yo solo lo quiero para coger, lo veo una vez, dos veces al mes, nos vemos cuando él puede, solo es para eso, sin compromisos… ja. (Es un ja triste, ¡que conste en actas!) Tal vez al principio puede que así sea, no lo niego. Pero las mujeres estamos constituidas de manera distinta a los hombres. Y aunque la ciencia haya avanzado un montón, todavía no hay evidencia clínica de lo que a estas alturas ya se debería haber descubierto: que nosotras tenemos el corazón unido a nuestra c..., a la parte sur de nuestra anatomía. Y si nos gusta un tipo, nos gusta cómo nos hace el amor, nos gusta la charla después del amor y la cucharita, eventualmente, nos vamos a enganchar con ese tipo. A enamorar. Digámoslo de una vez.

¿Qué hacer entonces? La lógica indicaría que mejor no entrar en este tipo de rollos. Pero la lógica se va por la ventana cada vez que entra la cama.

Lo primero es reconocer que una se enganchó. Basta del verso "soy libre y puedo lidiar con el rol de la amante". No. Si tenés una autoestima por encima del 0,01, a la larga, vas a sufrir como marrana y vas a querer más. Lo segundo, cortar con esta historia ya. Aceptar que aunque le gustes, no te quiere para algo más que para un par de veces al mes, porque no puede, porque no es su momento, porque no le gustás tanto, porque los hombres son diferentes con su testosterona o por lo que sea. Pero más importante que los porquénopuedeél, mejor pensar: si querés amor, pareja y la mar en coche, ¿qué estás esperando encontrar ahí donde no hay? Si tenés sed, ¿por qué insistir en buscar agua en un pozo vacío? No hay agua. Esa puerta no se va a abrir. Ni siquiera hay casa. No existe la quimera que fabricaste. (Y este es un mensaje para los hombres que leen esto y están en una situación parecida: Caballeros, a no ser egoístas, si ven que la mina se reenganchó, que les hace reclamos, que está pasándola para el orto mientras ustedes se van a dormir con sus parejas y sus mentiras, suéltenla. Dejen ir a esa mujer).

Pero volviendo a mi noche de insomnio: mi fantasma se había casado. No debería importarme, ya había pasado bastante tiempo, no nos habíamos visto más, cada uno había hecho su vida... pero igual me jodía. Me dolía. ¿Pero por qué? ¿Por qué, para qué había estado con él? ¿Había sido amor? Si pudiera volver el tiempo atrás, ¿qué haría diferente? ¿Por qué no era yo la que se había casado con él? ¿Por qué no me eligió a mí? ¿Por qué él se casó y yo sigo con mis citas demenciales? Pensamientos inútiles tal vez, pero cuando la mente se desboca, no hay quien la pare... Pero de golpe, y recordando a mi terapeuta, pude ver un patrón: la reincidencia, y de eso, amigos, me hago responsable. Antes del fantasma hubo otros fantasmas, no muchos. Hombres parecidos, inaccesibles, hombres que no me iban a "elegir". Qué palabrita esa. Aceptar que sufrís de esa palabrita cuesta tanto como tragarse un ladrillo entero. Observando el momento previo a engancharme, a la luz del insomnio desvelado, pude entrever que ya de movida no eran material para una relación. Es decir, me busqué lo que quería encontrar: nada.

De repente oí la voz de mi terapeuta gritándome, la pude ver parada en el medio de mi monoambiente: "¡Ojo con la profecía autocumplida! ¡Mejor concentrate en vos, averigua quién sos, qué querés, qué te gusta, y dale para adelante!".

Eran ya casi las cuatro de la mañana cuando me dije: Paula, de ahora en más aceptá solo lo que realmente querés. Y si estás con muuuchas ganas, hay unos artilugios a batería que operan maravillas...

26

Dulce y amargo

Amigos, estoy en México. En el vuelo, o mejor dicho en las nueve horas de escala que hice en el aeropuerto de Lima (sí, nueve horas... jamás me pidan consejos turísticos) medité si contactar a mi antiguo "amor a la mexicana", el que no había sido... Finalmente decidí enviarle un mail avisándole que iba a estar en México por varios meses, pero que en todo caso, yo lo llamaba a él... Me respondió como siempre, sin entender: "Nos vemos pronto".

Y lo vi pronto.

Fuimos a tomar un café. Después de tanto tiempo, ahí estaba él. Ahí estaba yo.

Nos miramos en silencio. Seguramente reparó en mis arrugas así como yo reparé en sus entradas y canitas. El tiempo pasó, me dije para mí. Hablamos de todo un poco, de mi trabajo, de su trabajo, del tiempo, del tango, etcétera, etcétera... Y como siempre, eso que estaba ahí, seguía ahí. Ahora más apagado, más sordo, más... calmo, pero todavía brillando al final de la mirada.

Y de golpe me vi diciéndole: tengo algo que confesarte, tal vez te enojes. Escribí un blog y lo van a publicar, y en él, entre muchas historias, cuento la nuestra. Me preguntó por qué, qué había para contar. Yo le contesté con el título del blog: "Soltera serial"... Y él se rió.

Le aclaré que era mi versión y que me gustaría que la leyera. Me pidió detalles, avances, adelantos.

Entonces abrí la válvula y salió todo junto. No como un reclamo, sino como... no encuentro la palabra. Y eso que hubieron montones de palabras, algunas suaves, nostálgicas, otras como por ejemplo: no entendés a las mujeres. No te entendí a ti, Paula. Por algo vos te estás separando de tu pareja y yo escribiendo un blog...

Pero por debajo de las palabras, fluía otra cosa. Dulce y amarga a la vez. El reconocimiento de que hubo un sentimiento, llamémoslo "amor", (aunque esa palabra me asusta un poco) pero de que a su vez, ya se nos había pasado el momento. Habían pasado los años.

Le dije: fuimos dos tontos. Y él sonrió.

Claro que él tenía su versión de los hechos y yo la mía. Pero a lo largo de la charla, se fueron pareciendo cada vez más. Empezamos a coincidir en algunas partes. En otras no. Él me confesó que jamás me hubiera dicho: quédate por mí. Yo le dije: me hubiera encantado oírlo. Él: jamás lo dije, ni se lo voy a decir a nadie, porque es una responsabilidad enorme. Yo: al menos hubiera sido bueno escucharlo. La escena bella, linda. De esas que aunque no sirvan para nada, te hacen bien... Te ayudan a seguir. A confiar.

La oportunidad desperdiciada. El camino no tomado. La puerta no abierta. ¿Qué hubiera sucedido si hubiéramos actuado distinto? No sirve perder el tiempo en el pasado.

Ahora somos amigos nuevamente.

Al despedirnos, nos abrazamos y besamos en la mejilla. Y por una fracción de segundo... pero no.

El tiempo pasó, y este tren se nos fue.

Irremediablemente, suena en mi cabeza el tango "Dos fracasos"... *dos fracasos que se amaron y partieron y olvidaron y hoy se miran asombrados de morder la realidad*... en la voz de Podestá y por la orquesta de Miguel Caló...

27

La tierra le dio
una vuelta al sol

La tierra le dio una vuelta al sol y cumplí 37. Ni modo, como dicen mis amigos mexicanos. 37 primaveras.

¿Recuerdan mis desventuras con el payaso Puchito, allá cuando apenas cumplía mis 36? ¿O la del loco del parapente? ¿O la del sueco? Qué año...

Hace meses atrás me puse en barbecho (entiéndase "celibato con un propósito"). Para resguardarme. Hacer un poco de *soul search*, para meditar, discernir. Y lo hice. Fue muy bueno para mí. Aprendí que no necesito al otro para ser feliz. Mi vida es una buena vida. A pesar de que a veces me queje demasiado o actúe como una loca irracional.

Tuve numerosas citas, encuentros y desencuentros. Suelo usar el latiguillo, cuando una historia no funciona: "qué difícil está el mundo de la soltería". Pero no es verdad. O si es verdad, en parte, es porque quiero.

Ahora puedo entrever, al menos para mí, lo que no es el amor:

No es necesitar a la otra persona para sentirse completa, mejor, mejorada, más. El otro no está ahí para solucionarte tus errores, tus problemas. No está ahí para tapar tus agujeros, cubrir tus faltas y miserias. Tampoco sirve para evitar crecer ni para evitar afrontar lo que solo se debe afrontar en la más íntima de las soledades. El amor no debería llenar vacíos, simular fantasías que luego uno pretende dar estandarte de realidad. El amor no puede ser el pretexto de esos enganches, de esos juegos, de esos espantos que atan a las personas por sus peores neurosis y bajezas.

Así como el amor no puede ser un pretexto, tampoco la soledad puede ser la causa del amor. Tampoco la necesidad. Menos que menos la creencia de que ya es hora de que te llegue...

Yo no quiero más eso. Lo cual implica por negación (y no sin cierto embarazo) que durante muchos años, así fue. Pero hoy puedo decir: no, gracias, sigo sola.

Ahora bien, la gran incógnita: ¿ma qué *cazzo* es el amor? ¿Pa' qué sirve? ¿Cómo se hace? ¿Dónde se lo consigue? ¿Vino y no me di cuenta? Si aparece, ¿lo voy a reconocer? ¿Y si justo estoy dormida en ese momento? Bromas aparte, estuve pensando esto (parafraseando a un escritor de quien no recuerdo el nombre, y si alguno lo sabe, me avisa):

Tal vez el amor no es necesario.
El amor no se necesita.
El amor es.
Y cuando es, entonces hace que la vida sea mejor de lo que ya es.
Y que cuando la vida se te pone difícil, no lo sea tanto.
Y por esto, es indispensable.

Besos, Paula.

28

La ficha

Amigos: la "ficha" me cayó de la manera más inesperada, como suele suceder. Estaba en la cola para ir al baño, en un restaurante de una ciudad de México llamada San Miguel de Allende. La vi y se me saltaron las lágrimas.

Era una niña preciosa, con su carterita de peluche fucsia y el cabello bien negro y lacio peinado con una hebilla a un costado. La nariz respingada y los cachetes llenos. Me preguntó que de dónde era, intrigada por mi manera de hablar. Se reía, media pícara. Sus ojos eran vivos y también reían.

La ficha hizo un estrepitoso "clank" al caer bien adentro, mientras mi cabeza enloquecida no paraba de gritarme: ¡Quiero casarme! ¡Quiero casarme de blanco! ¡Y tener hijos! Al menos uno o una. Una niña como esta que tengo delante, para vestirla de rosa y ponerle moños y enseñarle a leer libros, muchos libros, y a disfrutar del mar y del helado de chocolate.

Con mis 37 años, recién hoy me cayó la fichita de que eso de lo que siempre me escapé, es algo que realmente deseo. En las entrañas lo quiero. Años de elegir mal para justificar mi soltería. Y lo que deseo es una vida normal. Pareja. Intimidad. Un amor con sentido, tener un par. Hijos.

Mientras escribo esto, estoy viajando en avión con rumbo a Tijuana, para cruzar la frontera con Estados Unidos. Voy a visitar en San Diego a mi mejor amiga Andy que está embarazada, y no paro de llorar. Como si se me hubiera abierto una compuerta olvidada, trancada. No paro de llorar y el tipo que tengo sentado al lado me mira de reojo y no sin cierto susto. Tal vez dude entre ofrecerme un kleenex o un bebé. Creo que por lo pequeño de los baños del avión, le aceptaría el kleenex. Y también por no parecer desesperada. Esa es siempre una mala consejera.

Siento una profunda nostalgia por algo que no tuve, que no viví. Raro, ¿no? ¿Cómo sé que lo quiero, si nunca lo tuve? ¿Será el instinto, las hormonas, la locura, o que se me está pasando el arroz? Sea lo que sea, está surtiendo su efecto.

Todos me dicen: no lo busques; si lo buscás es peor, no funciona. En el momento menos pensado, cuando menos lo esperás, zás, llega. Ocupate de vos y llega.

Creo que ya no importa lo que digan los demás.

Seguro que habrá idas y venidas. Candidatos y otros que no lo serán tanto. Amores y despedidas. Pero en el tiempo, sin desesperar en la desesperanza, ni buscando como desesperada, llegará, porque estoy en mí. En mi lugar. Soy quien soy y quiero lo que quiero. Ni más ni menos.

Besos, Paula

¿FIN?

Agradecimientos

A Marta Cánovas y Miguel Lambré, a Carlos Sáez y Mónica Piacentini, y a la Editorial Del Nuevo Extremo, por permitirme concretar esta aventura de una forma tan bella y feliz.

A mi mamá, Sonia Bianco y mis hermanas, Sonia, Silvia y Gabriela, por su apoyo incondicional.

A mis tíos Margarita Gralia y Ariel Bianco, por su enorme ayuda y consejo a lo largo de los años.

Y a los primeros en leer y compartir mi blog, ya que con sus comentarios y risas me ayudaron a darle forma y sentido: Adriana Hammeken, Aga Kawecka, Alejandro Cancela, Alejandro Varsky, Ana López, Andrea Mango, Belén Landini, Carina Migliaccio, Carina Rodríguez Lettieri, Carlos Galdo, Carlos Manuel Horazzi, Catalina Tovorosky, Camila Villagrán, Cynthia Monteagudo, Deby Wachtel, Diego González, Dina

Martínez, Eleonora Rotondaro, Eddy Stabholz, Eli Gulminelli, Eliana Valdivia, Elvin Rivera, Evangelina Betelú, Fernando Chulak, Gabriel Caracciolo, Genoveva Martínez, Guadalupe Obón, Javier Liberman, Jimena Salinas, Josefina Alonso, José Antonio Olvera, Karen Naundorf, Laura Donis, Luis Rodríguez, Luz Azcona, Marcela Paturzo, Marcos Osorio Vidal, María Lemoine, Mariano Santoro, Marina Svartzman, Martha Riva Palacio, Miguel Coppini, Natalia Núñez, Pablo Aguilar, Pablo Paz, Paula Poggio, Pilar Obón, Roberto Esturo, Sandra Lourbet, Silvia Dunayevich, Soledad Monzón, Vanesa Rojas, Vittoria Zarattini.

Índice